臨床心理学20-1（通巻115号）

［特集］人はみな傷ついている──トラウマケア

JN087357

🐟 ［特集］人はみな傷ついている──トラウマケア

人はみな傷ついている
"悲しみ"と"哀しみ"の交錯

橋本和明 Kazuaki Hashimoto
花園大学

Ⅰ　トラウマケアのフロントライン

　"トラウマ"という言葉は今や専門用語の域を超え，日常用語にすらなっている。そのため，「目覚まし時計が鳴らなくて遅刻しちゃった。あの時計が今も私のトラウマ！」といった会話が飛び交ったりもする。確かに，人は傷つきやすいし，みんな傷ついている。その傷つき様はさまざまで，傷の深さや痛み具合もそれぞれである。そう考えると，トラウマ体験による心の傷つきと単にショッキングな出来事による心の傷つきとの区別はつきにくい。決して DSM-5 の PTSD（Posttraumatic Stress Disorder：心的外傷後ストレス障害）の診断基準だけでは割り切れない奥の深さがありそうである。

　周知のように，トラウマという概念はアメリカにおけるベトナム戦争帰還兵の研究をもとに急速に広まった。1980 年に出版された DSM-Ⅲ にも PTSD が明文化され，その後は性暴力を受けた女性，児童虐待の子どもをはじめとし，事件や事故の被害者にも認知されることになった。日本では1995 年に阪神・淡路大震災や地下鉄サリン事件があり，心のケアが求められ，それがトラウマと結びついた。そして，その後もトラウマ概念は進化を続けており，1 回限りの出来事による単回性トラウマだけではなく，繰り返される複雑性トラウマが提唱され，さらに現在では Van der Kolk（2005）の発達性トラウマ障害や，杉山（2007）の第四の発達障害のように，虐待によって発達障害の臨床像を呈するという指摘もある。また，友田（2012）は，脳科学の知見から明らかにされるトラウマについても言及していることをあわせると，多くのトラウマの捉え方があると言える。

　同時に，トラウマに対する治療法も日進月歩に開発されている。個人心理療法や認知行動療法はもとより，それぞれの特徴を組み合わせた治療法や身体生理的知見を取り入れた治療法などさまざまである。具体的には，認知行動療法を基盤にトラウマに焦点化した持続エクスポージャー療法や，ネガティブな自動思考となるスキーマを修正するスキーマ療法，左右の眼球運動を行いながら語ることでトラウマ記憶との心理的距離を取る EMDR（Eye Movement Desensitization and Reprocessing：眼球運動による脱感作と再処理法）などがその代表である。さらに，解離性同一性障害などの治療法のひとつとして有効だとされている自我状態療法，トラウマと神経生理的な反応に焦点を当て，言葉で語ることには重きを置かず，

身体を少しずつ解放していくソマティック・エクスペリエンシング（SE 療法），価値判断をすることなく，今この瞬間に，呼吸や身体感覚に注意を向けトラウマ体験を乗り越えさせるマインドフルネスなどがある。言うまでもないことであるが，いずれの治療法もその効果を測定し，エビデンスに基づいた治療法を確立させていこうとする方向性は共通している。

II　語られる傷と語られない傷

このようなさまざまな治療法を概観すると，やや乱暴な分類かもしれないが，クライエントの受傷体験に焦点を当てるのか，それともトラウマには直接焦点を当てずに身体感覚などに目を向けさせ治療を進めていくのかに大きく二分されることがわかる。そこには，治療者がクライエントの語られる傷を取り扱うのか，語られない傷を取り扱うのかとの違いがあると言ってもいいかもしれない。そう考えると，前者のほうでは持続エクスポージャー療法が典型となり，後者のほうではソマティック・エクスペリエンシング，あるいはマインドフルネスが該当する。

どの方法がどれほど有効かは一概に言えるものではなく，クライエントのパーソナリティ，被曝をしたトラウマの質や量，現在置かれているクライエントの環境や人間関係などを総合的に判断し，治療法を選択していくことになる。また，語られる傷であれ，語られない傷であれ，その傷の手当てのあり方には一長一短がある。なぜなら，クライエントは傷を語ることによって，トラウマを再現し，ますます苦しみを倍増させることもあるし，逆に語れないことで症状が潜伏化したり身体化してしまうことさえ当然考えられるからである。トラウマ体験をして，その後に自傷を繰り返す人のネットへの書き込みを見ていると，自分の傷跡を見てほしいとばかりに画像を貼りつけたり，自傷時の心境を詳細に語り，明らかに「助けてほしい」というヘルプのサインを発していると受け取られる記事に出会うことがある。そうかと言うと，その語りが意図したものではなく，本人も知らぬ間に書き込みをしてしまっていると思われる記事もある。そこにはもはやメッセージ性すら失われているとも言え，自傷者の語れない傷がそこにあるだけである。

語れない傷のなかでも心が痛むのは，児童虐待を受けた子どもではないだろうか。ここ数年，心中も含めると毎年 100 人近くの子どもが命を落としている。いずれの場合も言葉をもたず，あるいはその表出方法もわからずに，語れないまま亡くなっている。2018 年に起きた目黒虐待死事件では，「ママ／もうパパとママにいわれなくても／しっかりとじぶんから／きょうよりかもっと／あしたはできるようにするからもうおねがいゆるして／ゆるしてください／おねがいします」（原文のママ）と，5 歳の女児がノートに書き残している。また，2019 年の千葉の野田市の虐待死事件では，学校のアンケートに「お父さんにぼう力を受けています。先生，どうにかできませんか」（原文のママ）と小学 4 年の女児が救いを訴えている。しかし，いずれの場合も子どもの語りを周囲は受け取らず，思いが届かずにこの世を去っている。そのことひとつ取り上げても，傷を語る難しさ，傷を語れない苦しさがわかる。

III　"悲しみ"と"哀しみ"

語られた傷と語られない傷の根底に共通してあるものは何かと言えば，「悲しみ」であろう。この漢字「悲」の語源（高橋・伊東，2011）は，「非」には羽が左右反対に開いたあり様が表わされ，両方に割れるという意味である。それが「非＋心」となって，心が裂けること，胸が裂けるような切ない感じが「悲しみ」の本義である。トラウマ体験によって生じた傷について，それを語られたとしても傷が深まる不安があり，語らないでいたとしても違った苦しみを味わわねばならない。語られる傷と語られない傷という両者の複雑な思いが真っ向から対立し，引き裂かれる状態になっているのがまさに「悲しみ」に他ならない。

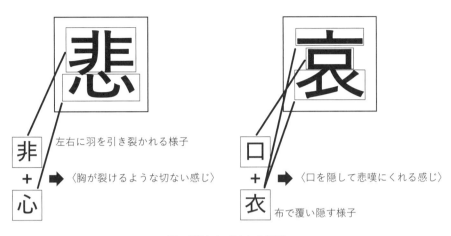

図　「悲」と「哀」の語源

そのような苦悩をしている人を目の前にして，われわれはどのように居られるのだろうか。そこで感じ取られる感情は，「哀しみ」ということがピッタリと当てはまるように筆者には思える。「哀しみ」の漢字の「哀」の語源（高橋・伊東，2011）にも当たってみると，「衣」には包んで隠すという意味があり，「口＋衣」で，思いを胸中に抑え，口を隠して悲嘆にくれる様子とあった。つまり，傷ついた人を目の前にすると，本人も傷を語れないし，こちらもその人の心情を容易には言葉にできない。そのため，われわれは口を衣服で覆いながら嘆くのである。

受傷をした人とそれを支えていく人との感情は，こうした「悲しみ」と「哀しみ」の交錯であると言ってもいいのかもしれない。仮に治療者がトラウマを受けた人に対してどのようなプログラムを提供していようと，そこに展開されるものは，クライエントと治療者の「悲しみ」と「哀しみ」が土台となっている。それが語られるか，あるいは語られないかはともかくとして，クライエントの傷の「悲しみ」を治療者は読み取り，それを「哀しみ」として自分の胸に覆う。そのことがクライエントの安心安全感を生むかもしれないし，時には治療者が代理受傷をして，クライエントと同様

に傷を受けるかもしれない。いずれにせよ，トラウマの心理的支援は，悲しみと哀しみの交錯のなかで繰り広げられると言っても過言ではない。

IV　いじめ被害を受けた支援事例

ここで，筆者がいじめ被害を受けたある男性の心理的支援を行った事例を紹介する（事例が特定されないように一部内容を加工している）。

その男性は，中学1年時に同級生数名から酷い暴言を浴びせられるようになった。あるときは弁当のおかずの臭いのことで茶化され，それ以来，彼は昼食時間はおかずの蓋を開けられず，白米だけを口にするようになった。そして，いじめがエスカレートするなかで，彼はそれに絶えきれなくなって思わず言い返したところ，暴力の被害を受けてしまう。その後，彼は恐怖心から登校できなくなった。また，家からも一歩も外に出られなくなったばかりか，日中，家にいても柔らかい毛布を抱え，クローゼットに籠もることが多くなり，気がつくと日が暮れていたという日が幾度も続いた。ただ，家族の支えもあったことで，なんとか定時制高校には通えるようになった。その頃になると，父親が好きなゴルフを彼も一緒に始めるようになって，アマチュアの大会で優秀な成績を収

めるほどの腕前にもなった。

　いじめの被害を受けてから8年以上も時間が経ったとき，彼は当時いじめをした加害者たちに対して，損害賠償請求の民事訴訟を起こすことを決意した。ただ，彼の様子を見ている弁護士は，いじめのトラウマから十分に回復しているとは言い難いところがあり，この訴訟の終結まで持ちこたえることができるか心配した。なかでも加害者たちがすぐ近くにいる法廷で自分の辛かった心情を果たして証言できるだろうかと考えた。そこで，弁護士から筆者に，いじめ当時から現在までの彼について心理鑑定を行い，訴訟係属中の彼の心理的支援をしてほしいと依頼があった。

　筆者は彼と何度も面接を行い，当時の心境やその後の思いを詳細に聴き取った。そのなかで，彼はこれまで誰にも言えず，また語ることさえ怖くて口にできなかった自分の心のうちを，素直に勇気をもって話してくれた。たとえば，これまで友達と思っていたクラスの同級生についての語りでは，彼がいじめられている現場にいても止めに入りもせず，いじめの加害者側につくようなところも感じ取り，いじめを受けるよりも辛い体験になったと述べた。彼はそのことを「オセロの白黒の色がパタパタと変わるように感じられた」と表現した。また，親が心配して精神科クリニックに受診させたものの，彼はそんな自分が惨めでますます弱々しい存在に思えてくるので，主治医の「眠れますか？」という質問に，「眠れます」と嘘の返答もしていた。筆者はいじめがトラウマ体験となり，その後にPTSDの症状が明確に出ていたこと，当時は解離などもあったがギリギリのところで自分を保とうとしていたこと，今もそこから回復しきれず苦悩していること，唯一ゴルフが彼の将来への望みをつなげていることなどを意見書にまとめ，専門家証人として法廷で証言もした。

　そして，いよいよ彼自身の証言の時が来て，自分のトラウマ体験を公開の法廷の場で語ることになった。筆者は裁判所から付添人となることを認められ，証言をする彼のすぐ横にいることができ

た。そこから彼の様子を見ると，手足が震えていることが確認できた。それでも彼は証言台の端をしっかり握りしめ（そうしないと手の震えが止まらないためでもあった），流暢とは決して言えないものの，最後まで自分の体験を話すことができた。今から考えると，このときの彼には，傷を語らねばならない不安と恐怖，それをうまく語られないもどかしさや惨めさ，さらには法廷という場で傷を語らねばならない局面にいることなどが一度に押し寄せたと言える。そんな複雑な思いでいる彼の姿から感じ取れるものは，「悲しさ」以外の何ものでもないと筆者には思えた。そして，彼を近くで目にしながら，励ましの言葉すらかけられず（付添人は発言は許されていない），側に居つづける自分の姿は「哀しさ」であったと思える。

　この訴訟は最終的に，原告である彼の主張がほぼ認められ，勝訴で終わった。筆者はそのことよりも，この訴訟を彼がやり遂げたことに喜びを覚えた。本当は自分の傷を語らず，そっと静かに治癒を待ちたい気持ちもあったろうに，その覆っているガーゼを外して法廷で傷を見せ，その傷が他でもない自分自身であると語っているように筆者には感じられた。また，この訴訟を通じての彼の成長が如実に現れていたし，もうひとつ階段を登ってトラウマからの回復を進めたことを実感した。

Ⅴ　トラウマ後の成長

　一般的に言えば，ショッキングな出来事による心の傷は，その人の成長にもつながると言われる。たとえば，勝つと思っていた試合に負けたこと，自分の思いが相手に届かず失恋したこと，理不尽な叱られ方をされたことなどは，そのときは辛くて耐えられなかったかもしれないが，長い目で見るとそれがあったことで強くなり優しくなったのかもしれない。しかし，トラウマによる心の傷は，その人の成長を妨げ，時には将来に向けた方向性を失わせ，嫌な過去に縛りつけもする。しかし，そのようなトラウマであったとしても，先に挙げ

た事例のように，過去の呪縛から少しずつでも解放され，自分らしさを見つけていけるのである。

　アメリカの臨床心理学者である Richard Tedeschi と Lawrence Calhoun は，2007 年に行われた学会での基調講演で，PTG（Posttraumatic Growth：心的外傷後成長）の概念を発表した。そして，人に大きな影響を与えるトラウマとの遭遇は，その人に対して大きなポジティブな変化を導くのだと主張した。わが国では宅（2010, 2014）が，PTG は「非常につらい出来事をきっかけとした心のもがき，人間としての成長のプロセスであり結果でもある」と定義し，その後のその人らしさとなって成長していくのだと述べている。筆者もこれに同感する。ただ，そのような成長を遂げていく条件のひとつには，悲しみを哀し

んでくれる人の存在が必要なようにも思うのである。語られる傷，あるいは語られない傷を癒やすには，受傷者の悲しみを哀しんでくれる存在が不可欠なのである。

▶ 文献
杉山登志郎(2007)子ども虐待という第四の発達障害. 学研.
高橋政巳，伊東ひとみ（2011）漢字の気持ち. 新潮社.
宅香菜子（2010）外傷後成長に関する研究—ストレス体験をきっかけとした青年の変容. 風間書房.
宅香菜子（2014）悲しみから人が成長するとき—PTG（Posttraumatic Growth）. 風間書房.
友田明美（2012）新版 いやされない傷—児童虐待と傷ついていく脳. 診断と治療社.
Van der Kolk B（2005）Developmental trauma disorder. Psychiatric Annals 35-5 ; 401-408.

日本におけるトラウマケアの歴史と系譜

飛鳥井望 Nozumu Asukai

医療法人社団青山会青木病院／公益社団法人被害者支援都民センター

I　はじめに

　日本でトラウマケアという概念が認識されはじめて，まだ30年にも満たない年数ではあるが，筆者がこれまで個人的に見渡すことのできた範囲での概観のようなものを記してみたい。

　とりあえず3つの時期に分けてみた。日本でトラウマケアがいくつかの領域でほぼ一斉に勃興したのは1990年代の前半といってよいが，それから2002年の日本トラウマティック・ストレス学会設立の頃までが第1の時期である。その後，2011年に発生した東日本大震災・津波災害の頃までが第2の時期となり，それ以降現在までを第3の時期として大まかに分けたうえで，それぞれの時期におけるトラウマケアの発展の歩みを振り返る。

II　日本におけるトラウマケアの勃興

　自然災害の多い日本で精神医学や心理学が大きな関心を寄せたのは災害トラウマである。被災者を対象としたメンタルヘルス活動の取り組みを進めるなかで，災害トラウマ後の精神的問題に関する報告が行われたのは，1990年代に入って以降，雲仙普賢岳噴火災害（1990年）や北海道南西沖

地震（1993年）からである。日本で被災後早期から組織立ったメンタルヘルス活動が展開されたのは北海道南西沖地震が最初であり，津波による死者198名・行方不明者29名という甚大な被害があった奥尻島では，被災2カ月後には住民健診で精神症状のスクリーニングと精神科面接が実施された。

　被災者のトラウマケアを含むメンタルヘルス対策に飛躍的に大きな関心が寄せられるようになったのは，死者6,000名以上を数えた阪神・淡路大震災（1995年）を契機としてのことである。災害医療や生活再建のための物質的援助だけでなく，「こころのケア」が社会的にも注目されるようになり，被災者のトラウマケアを含むメンタルヘルス対策に地元関係者や全国各地からの救援者チームが協働して力を注ぐ体制が誕生したのである。

　1990年代に自然災害と並んで社会的関心を集めたのは，多数の死傷者が発生した事件・事故後の被害者や遺族へのトラウマケアであった。阪神・淡路大震災から2カ月後に発生した地下鉄サリン事件（1995年）を初めとして，ガルーダ航空機事故（1996年），和歌山毒物混入事件（1998年），えひめ丸沈没事故（2001年）などでは，い

ずれも被害者のトラウマケアが組織的に取り組まれた。和歌山毒物混入事件では，和歌山市保健所が主体となり，ストレス相談窓口とホットラインの設置，アウトリーチ活動，住民向けリーフレット配布，災害ストレスに関する関係職員研修会など，一連の包括的な精神援助プログラムがごく早期に立ち上げられたが，これは日本の災害史上ではおそらく初めてのことである。

　家庭内での子ども虐待は，1970年代から日本でも徐々に認知されるようになっていたが，虐待防止の観点だけでなく，トラウマを負った子どもたちにはトラウマケアの提供が必要であることが強調されるようになったのも，1990年代前半のことである。子ども虐待防止学会の前身となる子ども虐待防止研究会が1994年に発足し，1999年には厚生労働省から「子ども虐待対応の手引き」が刊行されたが，その頃から，被虐待児のトラウマケアについての論考も報告されるようになった。

　同じく1990年代前半は，日本で犯罪被害者のトラウマケアが立ち上がったときでもある。

　米国では，1970年代にトラウマの精神的後遺症について当事者たちが続々と声を上げ，社会的にも認識され，さまざまな援助組織が立ち上がり，ベトナム帰還兵の心理ケアセンターやレイプクライシスセンターが全米各地に設置された。犯罪や事故の被害者や遺族に対しても，1975年に「全米被害者支援援助機構（NOVA）」，1980年に「飲酒運転に反対する母親の会（MADD）」など，精神援助を提供する非営利民間援助団体が設立された。また1985年の国連宣言（犯罪およびパワー濫用の被害者のための司法の基本原則宣言）では，精神的傷害や感情的苦痛も犯罪被害として定義づけられ，精神的困難からの回復のための援助が被害者支援のなかに明確に位置づけられた。

　この国連宣言と，その背景になったと思われる1970年代以降の欧米先進国の被害者援助団体における精神援助の展開を知り，日本においても精神援助を含む犯罪被害者支援を発展させることに強く思い至ったのは，実は警察庁関係者であ

る。警察庁が主催した1991年の「犯罪被害給付制度発足10周年記念シンポジウム」において，米国NOVAの代表者が招聘講演を行い，シンポジストからも犯罪被害者に対する精神援助の充実の必要性が指摘された。そのときに会場に参加したある被害者遺族は，前年に，飲酒運転の車による事故で息子を亡くされ，旧知の米国人弁護士からMADDを紹介してもらい，手紙と資料による精神的サポートを受け，渡米してMADDの活動を視察してきたところであった。そしてフロアから発言し，日本においても被害者や遺族が精神的に支援を受けられる場が必要であることを自らの体験から強く訴えた。その発言は関係者に大きなインパクトを与えることとなり，翌年に警察庁のバックアップを受け，東京医科歯科大学の山上晧教授研究室内に，日本で初めての「犯罪被害者相談室」が立ち上がった。その後，1998年に全国被害者支援ネットワーク（NNVS）が設立され，「犯罪被害者相談室」は発展的に解消し，2000年に設立された現在の被害者支援都民センターに活動を継承した。

　被災者・被害者のトラウマだけでなく，災害救援者の惨事ストレスとそれによる影響も，海外のPTSD研究では大きなテーマのひとつである。日本における災害救援者の惨事ストレスに関する本格的調査は，兵庫県精神保健協会こころのケアセンター（当時）の加藤寛らと東京都精神医学総合研究所（当時）の筆者らの共同により，1995〜1997年度に実施された，阪神・淡路大震災後の兵庫県消防職員調査（有効回答数4,780）が初めである。また2001〜2002年度には総務省消防庁に関連した「消防職員の現場活動に係るストレス対策研究会」により，全国の消防本部を対象とした大規模な無作為抽出サンプル調査（有効回答数15,164）が実施された。それらの報告の結果，海外での先行研究と同じく，日本の災害救援者においても心的外傷性ストレス症状の割合が高いことが明らかになった。

　ここまで述べてきたように，日本では1990年

代前半から，自然災害，集団被害，子ども虐待，犯罪被害，惨事ストレスなどの領域で，ほぼ同時期にトラウマケアの必要性が提唱され，実際に提供されはじめるようになった。ただしトラウマケアの技法内容としては，従来の支持的な危機カウンセリングがほとんどであり，子どもの場合も箱庭療法やプレイセラピーが主体であった。トラウマ焦点化心理治療としては，わずかに EMDR がこの頃すでに日本に紹介されていただけだったが，1996 年には EMDR ネットワーク JAPAN が設立され，阪神・淡路大震災の被災者のトラウマケアにおいても実践報告がなされている。

　なお，この時期のさまざまな領域のトラウマケアについては，参考文献（中根・飛鳥井，2000；飛鳥井，2008）を参照されたい。

III　PTSD 国際シンポジウムの開催と専門学会の設立

　トラウマケアに関する社会的認識が日本で一定の広がりを見せた 1990 年代後半において，筆者にとっても思い出深いイベントは，東京都精神医学総合研究所の主催で 1997 年 10 月に開催された，日本初の PTSD の研究と治療をテーマとした 2 日間にわたる国際シンポジウムである。このシンポジウムの企画では，筆者がプログラム委員長となり，国際トラウマティック・ストレス学会（ISTSS）の当時会長であった米国国立 PTSD センター CEO の Matthew Friedman 博士に協力を仰ぐことがかなった。このときの海外および国内からの各 8 名からなる招待演者の名前と演題は以下の通りである。

　Alexander McFarlane（心的外傷の性質と長期経過），Bonnie Green（災害後の心理的反応：ハイリスク生存者の概念と同定），Lars Weisaeth（PTSD の脆弱因子と防御因子），Bessel Van der Kolk（トラウマと記憶），Matthew Friedman（PTSD の薬物療法），Robert Pynoos（子どもと災害：PTSD の発達論的アプローチ），Dean Kilpatrick（犯罪被害と PTSD），Judith Herman

（トラウマからの回復），太田保之（雲仙普賢岳噴火災害被災者のトラウマと長期経過），加藤寛（阪神淡路大震災被災者の PTSD），飛鳥井望（PTSD に関与する外傷的出来事，出来事後のストレス，出来事前の脆弱要因），福西勇夫（熱傷・指切断患者の PTSD と関連要因），安克昌（解離性同一性障害と子ども期トラウマ），岡野憲一郎（解離原性トラウマ：文化間概念），小西聖子（犯罪被害によるトラウマ），齋藤学（性的虐待と解離）。

　なお本シンポジウムのプロシーディングスとして，PCN 誌増刊号（Asukai, 1998）が翌年発行されている。

　会場がほぼ満席となる約 300 名の聴講者と熱心な討議を目の当たりにした海外の研究者たちから，これならば ISTSS と連携した専門学会を日本でも立ち上げることができるのではないかと言われたのを筆者は記憶している。

　2002 年 3 月，PTSD・トラウマおよびトラウマケアの専門学会として，日本トラウマティック・ストレス学会（JSTSS）が設立された。発起人の中心となったのは，金吉晴（国立精神・神経医療研究センター），小西聖子（武蔵野大学），加藤寛（兵庫こころのケアセンター）と筆者（東京都精神医学総合研究所・当時）であるが，代表として筆者が初代会長を務めることとなった。理事には，災害，犯罪被害，子ども虐待など，トラウマに関連するさまざまな領域の専門家が就任した。設立時は約 250 名の会員からスタートしたが，発足 3 年目には学生会員を含め会員数が約 1,000 名と急速に拡大し，トラウマ領域の研究交流の場がまさに日本でも必要とされていることを実感した。

IV　トラウマケア技法のエビデンス

　JSTSS が設立された頃からの第 2 の時期となると，トラウマケアの技法としての有効性のエビデンスが意識されるようになった。

　まず取沙汰されたのがデブリーフィングの功罪である。緊急事態ストレス・デブリーフィング（CISD）は，1983 年に米国の Jeffrey Mitchell

によってトラウマ状況に遭遇した救急隊員のための集団介入技法として初めて記述され，その後発展した類似手法が心理的デブリーフィング（PD）として知られるようになった。PD は欧米で 1980 年代から 1990 年代において外傷的出来事後に広く使用されるところとなった。日本においても阪神・淡路大震災後に，PD モデルによるトラウマケアが推奨される機会が増えつつあった。ところがちょうどその頃の 1990 年代半ばには，海外では研究者たちが PD の有効性に強い疑問を投げかけはじめ，いくつかの RCT が実施された結果，PD の有効性を結論づけるには至らなかった。そして日本でも PD の有効性に対する否定的な見解が知られるところとなったのである。

その後 2001 年 9 月に米国同時多発テロが発生したのを契機に，米国では，大規模災害後の早期介入ガイドラインが必要となり，大規模災害・集団被害後の包括的早期支援マニュアルとしてサイコロジカル・ファーストエイド（PFA）が策定された。日本では米国版の PFA が先に，その後 WHO 版の PFA のマニュアルが翻訳され，災害救援に関わる多様な職種を対象に研修が行われてきた。PFA は，歴史的には軍陣精神医学における前線での非専門職による介入の 3 原則「近接性・迅速性・期待性」から発展したものである。ただし PFA も確たる有効性のエビデンスはなく，被災後早期のストレスを緩和しレジリエンスを高める援助技法として，エキスパート・コンセンサスを得た内容から構成されている。

一方，PTSD の治療に関しては，エビデンスに基づいた心理療法プログラムが日本でも実施されるようになり，効果検証のための研究も進められた。

欧米の PTSD 治療ガイドラインでは，トラウマ焦点化認知行動療法は，エビデンスに基づいた治療の中核的技法として強く推奨されている（フォアほか，2013）。米国ペンシルバニア大学の Foa が開発した持続エクスポージャー法（PE 療法）は，曝露技法による PTSD のための代表的な認知行動療法であり，欧米ではこれまで数多く

の研究により有効性が示されてきた。

日本における PE 療法の有効性に関する予備的研究として，筆者らは小規模非対照試験（N=10）を実施し，PE 療法の実施前後で PTSD 症状や抑うつ症状が有意に改善し，6 カ月後もその効果は維持されていることを確かめた。次いで筆者らは，さまざまなトラウマ体験（性暴力被害，身体暴行被害，事故被害）による年齢 18 歳以上の男女の PTSD 患者（N=24；F=21:M=3）を，通常治療群（外来薬物療法＋支持的精神療法）と，通常治療に PE 療法を加えた群とにランダムに割付け，効果を比較した。その結果，PE 療法群は対照群（通常治療のみ実施）に比べて，PTSD 関連症状（CAPS，IES-R）および抑うつ症状（CES-D）の改善が有意に優っていた。また対照群も待機期間後に PE 療法を実施したところ同様の改善を認めた。両群合わせた PE 療法完了者（N=19）において，その効果は治療終了 1 年後も維持されていた。なお 2010 年に発表した本報告は 2013 年の英国のコクランレビュー「成人の慢性 PTSD のための心理治療」にも収載されている（飛鳥井，2015）。

以上の結果により，PE 療法は，日本での患者サンプルにおいても RCT による有効性のエビデンスが示されたことで，2018 年には，パニック症，強迫症，社交不安症と並んで，PTSD に対する認知行動療法として医療保険適用が認可された。

PE 療法については，日本において公式トレーニングとスーパービジョンを受けられる体制がすでに構築されている。

Ⅴ　大人と子どものトラウマケア技法の普及

2011 年発生の東日本大震災・津波災害以降が第 3 の時期となるが，まず目を惹くのは PFA に関する啓発と普及である。しかもメンタルヘルス専門職にとどまらず，災害後の現場に携わる災害救援ワーカーを広く対象として知識の普及が行われてきた。これにより少なくとも災害トラウマケアについては関心の裾野が飛躍的に広がった感がある。

成人向けのトラウマ焦点化認知行動療法として

は，PE療法と並んで認知処理療法（CPT）が海外で高い評価を得ており，CPTも日本に紹介され研修の機会が提供されている。ただしエクスポージャー技法との差別化をはかるためか，最近の技法では筆記によるトラウマ・ナラティブのコンポーネントを省き，より認知の修正に重点を置いた構成となっている。そのほか，ナラティブ・エクスポージャー・セラピー，アクセプタンス＆コミットメントセラピー，複雑性PTSDを対象としたSTAIRナラティブセラピーなども日本に紹介されている。

　もっとも目覚ましい進展を見せているトラウマケアは，子どものトラウマフォーカスト認知行動療法（TF-CBT）であろう。東日本大震災・津波災害後に日本の専門家グループが，同技法の創始者である米国のCohen，Mannarino，Deblingerからも直接指導を受けながら，日本での普及と効果検証が着実に進められている。そして公式トレーニングを修了し認定された日本人インストラクターによる研修指導も行われるようになった。

　トラウマ・インフォームド・ケア（TIC）も，ことに物質依存，非行その他の問題と関連して小児期逆境体験をもつ人々へのアプローチとして，現在さまざまな領域で大きな関心が寄せられている。

VI　PTSDの治療研究から実践応用へ

　筆者らはRCTにより日本での有効性を明らかにしたPE療法を，被害者ケア現場での実践に活用してきた。筆者が所属する被害者支援都民センターは，2008年から東京都人権部との協働事業として，犯罪被害者のPTSDに対して，成人にはPE療法，子どもにはTF-CBTを臨床心理士が提供している。また被害者支援に関する情報提供や公判支援を担当する相談員と臨床心理士とがセンター内で緊密に連携しながら，トラウマケアを進めている。被害者支援機関の利用者はトラウマケアのニーズがきわめて大きい。自治体の助成によりPE療法の提供が可能となったことで，深刻な犯罪被害を原因としたPTSD患者に，エビデンスに基づいてもっとも有効性を期待できる治療が行えるようになった。またPTSD症状の程度，治療動機の程度，生活条件に合わせて，柔軟な形で治療導入をはかることができている。もうひとつの大きな意義は，支援と精神的ケアを同一機関で提供することで，相談員と臨床心理士が常時緊密に協働でき，ワンストップでのシームレスな支援の形に近づけることである。これにより利用者の物理的・精神的負担を少なからず軽減することが期待される。

VII　おわりに

　トラウマケアの発展には2つの側面がある。ひとつはPFAやTICの普及に見てとれるような，かならずしも精神医学や臨床心理学領域の専門的治療者によらない，広く対人援助職であれば行えるケアである。その基本は対象者が抱えているトラウマへの気づきとトラウマ反応の共感的理解ならびにトラウマ心理教育である。もうひとつの側面は，PTSD症状のアセスメントとエビデンスに基づいたトラウマ焦点化心理治療が提供できるシステムの構築である。この2つが両輪となって発展することで，日本のトラウマケアの将来をより豊かにすることができ，そのことがさまざまな種類のトラウマサバイバーの回復可能性を高めることにつながるのである。

▶文献

Asukai N (Proceedings, Guest Editor) (1998) The 12th Tokyo institute of psychiatry international symposium : Research and treatment of posttraumatic stress disorder. Psychiatry and Clinical Neurosciences 52(Supplement).

飛鳥井望(2008)PTSDの臨床研究─理論と実践. 金剛出版.

飛鳥井望 (2015) PTSDのためのPE療法. 精神神経学雑誌 117 ; 457-464.

エドナ・B・フォア，テレンス・M・キーン，マシュー・J・フリードマン，ジュディス・A・コーエン 編 [飛鳥井望 監訳] (2013) PTSD治療ガイドライン 第2版. 金剛出版.

中根允文，飛鳥井望 編 (2000) 臨床精神医学講座S6 外傷後ストレス障害 (PTSD). 中山書店.

🐘 ［特集］人はみな傷ついている——トラウマケア

［インタビュー］トラウマとリカバリー

宮地尚子 Naoko Miyaji

一橋大学大学院社会学研究科

Ⅰ　トラウマ臨床の（複数の）歴史

——戦争神経症から，発達性トラウマ，複雑性トラウマ，心的外傷後成長，また AC（アダルトチルドレン）という名で呼ばれることもある「傷つき」まで，トラウマは社会構造の変化によって概念の更新を迫られながら，健康水準から病態水準まで幅広い射程をもつ現象として語られ，同時にトラウマからの回復もさまざまな言葉で論じられてきました。そして，専門家サークルにおいて交わされていたトラウマや PTSD という言葉が一般に知られるようになったのは，1995 年以降ではないかとも思います。そこで，1995 年から現在に至るまで，トラウマの研究や臨床がどのように変遷してきたのかをお聞かせください。

宮地　「PTSD」「トラウマ」「心のケア」という言葉が一般の人にも広まるようになったのは，やはり阪神・淡路大震災や地下鉄サリン事件が起こった 1995 年以降のことです。2020 年は 25 年目の節目ということもあり，『心の傷を癒すということ』を書いた安克昌さん[注1]を主人公とした，NHK 大阪放送局制作のテレビドラマの放送が 1 ～ 2 月に予定されていて，私も制作に関わりながら，当時のことを思い返したりしています。その

後もメルクマールとなる出来事として，1997 年の「神戸連続児童殺傷事件」，2001 年の「附属池田小事件」，2005 年の「JR 福知山線脱線事故」，そして 2011 年 3 月 11 日の「東日本大震災」など，さまざまなものがありました。このように大きな災害や事故や事件と，DV や性暴力や虐待など，主に 2 つの軸がありながら，この 25 年が過ぎていったという印象です。

そして現在，治療には効果もあるけれど逆効果もありうるということ，援助者もまた傷つくということ，自傷や依存症などこれまでトラウマとは関わりがないと思われていた領域にもトラウマ概念が広がったこと，加害者臨床の広がりのなかで，もともと加害者は被害者であったかもしれないという加害と被害の混淆，さらに被害者も加害者になりうるという虐待の連鎖，マイノリティとトラウマなど，いくつかの軸が加わってきています。これらのテーマについては，インタビューのなかで少しずつ触れていきたいと思います。

——このうち治療技法としては，どのように変遷していったのでしょうか。

宮地　治療技法については大きく 2 つに分けら

れ，一方に，災害など危機的な出来事に見舞われた人の回復を支える応急対応として，「できるだけ余計なことをしないで傍にいる」PFA（Psychological First Aid）があり，他方に，数カ月・数年が経っても生活を邪魔してくるトラウマ記憶を処理する技法があります。またPTSD（単純なトラウマ）と複雑性PTSD（反復的なトラウマ）というふうにも2つに分けられ，それぞれに対応した技法も生まれてきています。たとえばPTSD一般へのアプローチとしてPE（Prolonged Exposure：長期エクスポージャー法）があり，複雑性PTSDに特化したSTAIR（Skills Training in Affective and Interpersonal Regulation：感情調整と対人関係調整スキルトレーニング），DBT（Dialectical Behavior Therapy：弁証法的行動療法）などのアプローチも最近では紹介されています。どちらにも使われる技法としてEMDR（Eye Movement Desensitization and Reprocessing／眼球運動による脱感作と再処理法），TFT（Thought Field Therapy®：思考場療法）などがあります。各症状に個別対応できる技法が開発されてきているのは，非常に重要なことだと思います。

———このような歴史的展開は世界的動向と一致していたのでしょうか，それとも日本独自の展開だったと言えるのでしょうか。

宮地　もちろん日本で起こった出来事や法制度の影響を強く受けているのですが，当時から研究者たちは，文献や国際学会を通じて，欧米のトラウマ研究・治療に向けて敏感にアンテナを張っていました。1995年の震災を契機として，1996年にはジュディス・ハーマンの『心的外傷と回復』の翻訳が刊行され，彼女やトラウマ研究者のベッセル・ヴァン・デア・コークが来日したのも1997年秋でした。海外の研究者による講演や研修を通して紹介された理論や技法のなかには，日本に根づくものもあれば，そのまま忘れられていくもの

もありました。

たとえば2001年9月11日の同時多発テロがトラウマ研究に与えた影響はもちろん大きいのですが，トラウマ研究の世界的歴史としては，第一次世界大戦・第二次世界大戦とヴェトナム戦争での経験が大きかったと思います。ヴェトナム戦争以降，トラウマ概念の統一はないまま，性被害・DV被害の研究や子どもの研究が別々に進められます。それでも，トラウマ症状としては共通しているというコンセンサスがあるおかげで，たとえばアメリカ系のISTSS（International Society for Traumatic Stress Studies）やヨーロッパ系のESTSS（European Society for Traumatic Stress Studies）でも，研究者たちは同じ舞台で対話ができるわけです。私自身は1991年頃からアメリカでPTSD患者に出会い，1990年代後半から性暴力やDVの被害者，解離性障害の方などにも会っていました。その頃から，安克昌さん主催のメーリングリストなどに参加して，先ほど紹介したEMDRやTFTなどさまざまなトラウマ治療技法のことを知るようになります。

もちろん，1995年の阪神・淡路大震災から2011年の東日本大震災へと続く，日本のトラウマ臨床の「大きな歴史」を語ることもできるのですが，いろいろな人が出たり入ったり，治療技法を輸入したり開発したりして，たくさんの波が重なるようにトラウマ臨床の歴史ができているのではないかと私は思っています。

II　傷ついた人の傍にたたずむ ——トラウマに気づく／触れる

———トラウマの臨床を突き詰めて考えていくと，トラウマにフォーカスするかどうか，という分岐点があるように思えます。この点については，どのように考えられるでしょうか。

宮地　トラウマ症状だけを外科的に処理する「トラウマセラピー」と，傷が自然に癒えてゆく回復を邪魔しない場を整える「トラウマケア」，たし

かに便宜的には大きく２つに分けられそうです
が，なかなかそう単純にはいかないところがあり
ます。実際にはそれらをどのように組み合わせる
かによって，治療の質も変わっていくからです。
トラウマ臨床に関わっていると，外科治療と同じ
ように，トラウマ記憶を温存するか治療的に介入
するかを選択する場面もあります。ただ，福祉現
場における被虐待児支援，司法現場における犯罪
被害者支援，そして被災者支援など，もちろん共
通点はありながら，どこに重点を置くかによって
治療は多様化しますよね。そもそも，ひとりの援
助者がすべての技法に精通することはできないの
で，向き不向きや好みで方法が選ばれることもあ
るだろうし，いろいろなものを経験して組み合わ
せる人もいるだろうし，臨床技法は百花繚乱とい
うところでしょうか。そもそも技法より生活全般
へのソーシャルワーク的なアプローチのほうが重
要になることもあります。

　一方，クライエントとしては，トラウマがそこ
にあることはわかってほしいけれど，トラウマに
は直接触れられたくないと思っているかもしれませ
ん。一度触れると調子が悪くなることもしばしば
ですから。援助者としては，いったん調子が悪く
なることもわかったうえで，あえてトラウマに触
れるという判断をすることもあります。ただ，ひ
とつのトラウマが別のトラウマを隠していて，ひ
とつ片づいたと思ったら，さらに深刻なトラウマ
が見えてくることもあるから，その判断はとても
難しい。かえって初心者の場合，トラウマに気づ
いて「じゃあトラウマを取り除きましょう」と試
みたアプローチが案外うまくいったりもするの
ですが，いつもそうとは限らない。だから，トラ
ウマには触らないようにしようと考える人もいる
し，ちょっとずつでもトラウマに触れていこうと
考える人もいて，援助者の個人差は大きいでしょ
うね。また，援助者個人の問題だけでなく，援助
者の置かれている状況（治療現場）の社会資源や
職場の雰囲気，そして援助者が職場でどれだけ支
えられているかによっても変わってきます。

───先ほど，トラウマ概念が自傷や依存症にも広
がっていったというお話もありましたが，異なる領
域ごとの「トラウマへの触れ方」というものがある
のでしょうか。それとも，そこにはある種の共通性
があるのでしょうか。

宮地　基本的には共通ですが，トラウマの種類に
よってスティグマの程度は異なります。災害被災
者へのスティグマは弱く，被災者はケアされるべ
きだという社会的なコンセンサスがあるのに対し
て，性暴力被害者はまだまだです。また，アルコー
ル依存や薬物依存でもともとトラウマを抱えてい
る人は多いけれど，依存症は自業自得だと言われ
強いスティグマを与えられます。スティグマの強
度を踏まえて，どういうアプローチをするかを考
える必要があります。セルフ・スティグマつまり
本人が自分に起きたことをどれだけ恥だと思って
きたか，または思わされてきたかも，アプローチ
の仕方に影響してきます。そういう場合は自己肯
定感を高めるような要素の多い治療技法が有用で
す。

　また，トラウマの歴史は繰り返し忘れられて
きたというジュディス・ハーマンの言葉通り[注2]，
トラウマの概念は広がったり縮んだりを繰り返し
てきたところがあります。一度，トラウマとして
認められると，医療や福祉などの社会資源は使い
やすくなります。

　幼児期の逆境体験が長期的に心にも体にも影響
するという「子ども時代の逆境的体験（Adverse
Childhood Experiences：ACEs）」研究の結果を
知っておくと，実際に「トラウマに触れる」かど
うかは別の問題だとしても，病を抱えた人の多く
はトラウマを負っていること，そして「トラウマ
に気づいておく」ことの重要性もわかってきます。

　このような前提となる知識を踏まえて，トラウ
マに触れる前に，「どこまでクライエント本人の
準備ができているか」を絶えず気にかけておく必
要があります。トラウマの心理教育も大切で，ト
ラウマティックな出来事に遭遇すれば誰にでも一

定のストレス反応が起こりうるという「一般化」をしておけば，本人もかなり楽になるかもしれません。ただ，裁判や調停などが同時進行している場合は，治療を優先できなかったり，多職種と連携する必要もあるかもしれない[注3]。

──トラウマに触れたあとに事態が混乱する「治療の逆効果」が起こったとき，あるいは必ずしも専門家ではない援助者がトラウマに気づいたときには，どのように対応すべきでしょうか。

宮地　仮に自力で収拾がつかなくなったとき，ひとつには，個人で対応するのではなくスーパーヴィジョンを受けるという選択肢があります（「経験豊かなスーパーヴァイザーがそれほど多くいるのか？」という問題はありますが……）。そしてもうひとつ，事例検討会やピアサポートでフィードバックを受けたりする方法があります。転移焦点化療法（Transference-Focused Therapy）という技法を利用しながら，長期的な治療関係を安全に維持していく方法もあるでしょう。

　一方，トラウマの専門家ではない援助者が，クライエントのトラウマらしきものに気づいたときにはどうするか。専門家にリファーできればいいけれど，それは当人の資源次第でもあるし，ただでさえ数の少ない専門家はすでに手一杯だったりもします。初心者でも基本を学んで自分がトラウマ臨床の専門家になっていければ理想的ですが，トラウマに触ったほうがいいのか見守ったほうがいいのかという判断は難しく，多くは時が経つのを待つのが現実でしょう。直接触わらないとしても，トラウマのことをそれとなくでもわかって気遣ってくれる人が周りにいること自体が治療的なのだと，知っておくといいと思います。初心者にありがちな失敗は，トラウマを見つけてすぐに触り，泥縄式にいろいろなものが飛び出し，あわてて蓋をするというものです。ですが「触らぬ神に祟りなし」とばかりに怯えすぎてトラウマに一切触らないのも問題ですから，まずはトライしてみ

て，成功も失敗も経験しながら次のステップに進むのが健康的だと思います。まあ，「何が何でもトラウマを治療する！」と意気込む「熱血セラピスト」になってしまうとちょっと危ない，ということかな（笑）。

──「環状島モデル」では，当事者が位置する〈内斜面〉に対し，援助者は〈外斜面〉に位置するように見えて，つねにトラウマから安全な場所にいるわけではないと説明されています[注4]。いわゆる「援助者の傷つき」については，どのように考えられるでしょうか。

宮地　「援助者の傷つき」についてはかなり早い時期から語られていて，また私も1995年の『読売新聞』に寄稿したことがあります（宮地，1995）。特にスタムの『二次的外傷性ストレス』の翻訳刊行は，学術的な研究のうえでもメルクマールとなる出来事でした。阪神・淡路大震災の支援活動では，援助者は誰もが初心者に近くて，支援後に何が起こるのかもあまりわかっておらず，支援現場に入った後に疲れが出たり，バーンアウトが多発したり，PTSD症状が出てきたことも報告されていて，援助者の二次的外傷はその後もずっと継続的に語られているテーマのひとつです。日本の場合，援助者がカウンセリングや教育分析を受ける機会は少ないですよね。でも，自分がトラウマに「被爆」していると気づかないままでは，自分を苦しめることにもなるし，思いがけずクライエントを傷つけることにもなりかねないので，援助者は自分を振り返ったり，セルフケアをする必要があるでしょう。

III　リカバリーの可能性
　　　──人という毒・人という薬

──援助職によるトラウマ臨床がある一方で，いわゆる専門家ではない仲間たちが集う自助グループもあり，さまざまな活動がなされています。自助グループによる回復の可能性については，どのように考えればいいでしょうか。

宮地　私は基本的に，自助グループは回復にとって有効だと考えています。そもそも保険診療のなかでどこまでトラウマセラピーができるのかという問題もあるし，保険診療外の心理カウンセリングに個人がどこまで費用を負担できるのかという問題もあります。だから専門家に頼らず，自助グループでトラウマを扱っていくことは大切な選択肢のひとつです。ダルク女性ハウスの上岡陽江さんも，“トラウマのことをいくら話しても良くならない，だから回復のためには生活全体の底上げをしなくてはならない”と言っています。トラウマといっても性被害や災害など種類はいろいろで，依存症を併発しているかどうかなどの違いもあります。同じ経験をしている仲間だからこそわかるライフコースの選択というものがあって，先を行く仲間だからこそ後から来た仲間にアドバイスをしたり見守ったりできる。いわゆる「局在知（local knowledge）」の活用ですね。そして，自分の苦しんできた道のりを後から来た仲間に伝えるという役割を果たせることも，回復にとって大切だと私は考えています。

　そして言葉だけでは行き詰まりかねないところは，身体に着目して切り抜ける。たとえば外来診療で患者にストレッチを教え，強張った身体をほぐしてみるのもいいでしょう。呼吸法を試みるのもいいかもしれません。ヴァン・デア・コークの仕事は，これまでの言葉中心の精神分析モデルでは無理があるという反省から注目されているところがあるし，身体記憶として刻まれたトラウマ記憶にアプローチしていくピーター・ラヴィーン（注5）の試みも，やはりこの文脈で受け入れられています。言葉だけでなく身体感覚にも着目することで，トラウマ臨床の裾野はさらに広がっていくわけです。

　──「人という毒，人という薬」（宮地・菊池・松村，2016）という論文では，「人は毒にも薬にもなりうる」ことが述べられ，援助においては薬でありたいと願う前に「毒にならないこと＝安心・信頼」が先行すべきだとされ，「解毒を急ぐなかれ。そしてまずは，

加害者と同じことをする＝毒を与える，ことなかれ」と締めくくられています。人が人によって癒されるという意味での回復がありうる……ということになるでしょうか。

宮地　たしかにそう考えることはできそうです。ただし，トラウマセラピーやトラウマケアはありえても，過去の傷がすべて消え去る「トラウマキュア」というものは，おそらくありえません。過去は消えてなくならないのですから。治療関係では，慢性疾患に対応するような長期的サポートが求められますが，マラソンで言うと，あくまで走るのは本人，主導権は当事者にあります。かつてのマイナスの経験をポジティブに変換すること，得難い経験を社会に還元していくこと……トラウマサバイバーが生きていくというのは，傷痕を残しながら「傷を耕す」ことでもあります。

　私自身，臨床家として専門治療が重要であると考える一方で，社会や文化のことも考えてくるなかで，歴史上，世界中で連綿と続いてきた，“人が人を気遣い，傷つきを抱えた人と共存する”ということも大切にしたいと思っています。なかでも儀礼や儀式（慰霊祭など），シャーマニズム，アートは重要です。これらは専門家の仕事ではなくむしろ社会全体の仕事で，「傷ついた人と共にありつづける技法」の深まりは，それ自体，文化の豊かさを反映しているとも言えます。田中雅一さんと松嶋健さんが編者の『トラウマを生きる』（田中・松嶋，2018）や『トラウマを共有する』（田中・松嶋，2019）を読むと，トラウマ治療が医療化されることへのアンチテーゼという側面もあるけれど，それだけではなく，社会的歴史的文脈を踏まえてトラウマを理解することがいかに大切なのかわかります。たとえば医療人類学者のアーサー・クラインマンやアーサー・フランクは，「トラウマ」という言葉を使わずに似たようなことを語ってきました。ですから，マニュアル化された治療技法だけでなく，このような医療人類学の古典を読み返す意味もあるでしょう。また，文学は当事者の経験を正確に記述していることが多く，文学作品

を読むことによって救われて生き延びてきた人も
いるでしょう。極限状況において人はどうなるか
を論じてきた哲学や思想を読み返すのも有用かも
しれません。こうして横へとつながっていく学際
研究は，たしかに知識や経験の共有という難しさ
はあるけれど，このような展開が生まれると，ト
ラウマ研究に深みが生まれてくるのではないかと
期待しています。

IV　トラウマのパラドクス
──加害と被害，戦争とジェンダー

　──「人はみな傷ついている」という特集号のテー
マにも関連することですが，専門用語としての「ト
ラウマ」と日常語としての「トラウマ」には，図ら
ずも重なり合う部分があります。それによって，治
療すべきトラウマとその他のトラウマがあたかも同
質であるかのように語られるとしたら，トラウマへ
のアプローチはより難しくなる可能性もあると思い
ます。

宮地　そうですね……一概には言えないのです
が，一般に，日常語としてトラウマが語られると
きには，その傷つきはさほど深くないと言えそう
です。自分に巣食っている「何か」をトラウマと
言うことができた時点で，ある程度そのインパク
トは低下している，つまり実際に治療に行くなど
トラウマと向き合おうと思えている時点で，回復
への準備はかなりできているというのが，私の考
えです。本当の問題は，そこに至るまでの道が長
く険しいことです。たとえば第二次世界大戦の日
本の元兵士たちは，当時トラウマセラピーを実施
する専門機関があったとして，果たして治療に
通ったでしょうか。彼らにとってはむしろ戦友会
の存在が，加害と被害が混淆しながら戦場で起き
ていたことを共に経験した同志として，はっきり
言葉にしないまでも，戦争の記憶を共有する場に
なっていたのではないでしょうか。彼ら元兵士た
ちも含めて，多くの人はセラピーを受けたいとも
思っていないし，自分の経験したトラウマ記憶を
語りたいとも思っていない。しかしそれでも，戦

争から帰ってきた兵士たちのなかには，戦後，家
庭で家族にDVをするようになったり，自分の感
情を切り離してワーカホリックになっていったり
した人たちも少なくないという現実がある。

　今回の特集は「人はみな傷ついている」という
タイトルですが，じゃあみんな同じように傷つい
ているのかというと，決してそうではありません。
本当に深い傷つきを抱えている人ほどそのことを
簡単には言わないし，表向きには元気な振りをし
ているのかもしれない。語られないほど傷は深く，
語られないものこそ核心であるという，トラウ
マのパラドクス[注6]のひとつです。同時に，トラウ
マについての理解が社会に広まることで，事件や
暴力被害や災害によって人生をブロックされた経
験をして，それを乗り越えるためにセラピーを受
けたいと思う人も出てきました。それはそれで勇
気がいることだと思います。

　──トラウマのことを考えていくと，必然的に加
害と被害というテーマに行き当たります。そして被
害者におけるトラウマが語られる一方で，加害者の
内なる被害性ということも語られます。幾分ねじれ
たこの構造を，どのように解きほぐしていけるので
しょうか。

宮地　加害と被害の混淆ということが浮上してき
たのは，児童虐待の専門家と女性支援の専門家が
対立する必要はないはずだと考えられるように
なったことが，ひとつの発端でした。児童虐待の
専門家からすれば，虐待する親に対して厳しい見
方になるけれど，虐待する母親がDV被害者で
あったりもする。その場合，女性支援の援助者か
らすれば，虐待する母親は援助の対象でもある。
このとき，援助者間で対立するのではなく，協力
が必要になってくるのです。

　一方で，DVや性暴力の加害者臨床においては，
加害者自身が「加害責任」を引き受けることが前
提になるとはいえ，加害者の「被害体験」も扱わ
なければ変わっていけないという視点が生まれて
います。ただ，加害者支援においては加害という

「今まさに起きている問題」への対処が優先されていかねばならず，それによって被害者支援と加害者臨床が対立することも起きています。もちろん過去のトラウマ被害を軽視しているわけではありませんが，加害者プログラムに通うことがDVの免罪符になってしまうという危惧もあります。「人はみな傷ついている」だけではなく「人はみな傷つけている」という側面も考える必要がありますね。

───先ほどの女性支援の現場のことを考えると，日本にはジェンダーを巡る言説や社会制度に立ち遅れがあるようにも思われます。

宮地　日本トラウマティック・ストレス学会では設立当初から学会理事や役員の男女比を調整してきたこともあって，女性のトラウマ研究者は着実に増えています。ですが，それらの研究成果が政策に反映されているかというとまた別問題で，「女・子どものための政策」には予算が下りにくいという現実があります。また，DV被害者の相談にのったり，緊急時の安全保護に関わる公的機関の女性相談員の数は少なく，研修の機会も限られ，非常勤勤務だったりもして，専門家の育成や継承は十分とは言えません。DV被害者は精神科医でもあまり治療経験がないような多彩な症状を抱えていることが少なくなく，そういう人たちに，十分な専門教育を受けていない経験の浅い援助者が対応せざるをえず，かつ彼女たちにはその後の職業的地位も限られているという厳しい現実があります。

───もうひとつの立ち遅れとして，ヴェトナム戦争の経験がアメリカのトラウマ研究の底上げをした一方，日本においては戦争体験の「清算」の遅れもあるように思えるのですが……この点についてはいかがでしょうか。

宮地　戦争体験の「清算」の遅れについては，日本が敗戦国であったということ，アジア諸国の人

たちへの加害行為の語りにくさ，戦場で仲間を見殺しにしてしまったサバイバーズギルトなど，その原因もやはり複合的だと思います。阪神・淡路大震災と地下鉄サリン事件が起こった1995年は，偶然ではありましたが戦後50年の節目で，戦争のことやホロコーストのことなどの言説が活性化していました。その後，「歴史認識論争」なども起き，戦争のトラウマの記憶が単純には語りにくい状況になりました。来日したヴァン・デア・コークなどは外部者として，日本の戦後トラウマの忘却を指摘しています。それに対して日本人としては「たしかにそうですが，そこは触るといろいろある領域で……」と応じざるをえない構造もあり，戦争体験の「清算」は一筋縄ではいかない問題です。そのなかにあって，たとえば中村江里さんの『戦争とトラウマ』（中村，2018）は，戦争経験者がほぼいなくなる最後の時代に刊行された，戦争トラウマを論じた労作です。

───先ほどのジェンダーのテーマに戻るのですが，2004年に刊行された『トラウマとジェンダー』では，時代に先駆けて「ジェンダー・センシティビティ」という概念[注7]が提唱されています。今日の日本社会を見渡して，この概念が示すものはどのように浸透していると考えられるでしょうか。

宮地　もちろん日本社会全体を論じることはできないけれど，臨床現場でも女性援助者は増え，性被害は特殊な現象だというかつての論調は減り，近年はセクシュアル・マイノリティへの理解も広がり，「男性性から降りたい」男性たちも増えていて，この本を出版した時代よりも風通しが良くなっているという印象はあります。一方で，傷つけるのも傷つけられるのも嫌で，それならばと人との関わりを避けて孤立を選ぶ人が増えているなど，さまざまな局面で社会は変動しています。ですから「ジェンダー・センシティビティ」という概念も，このような社会の移り変わりとともに，より洗練させていく必要はあるでしょうね。

Ｖ　「環状島」をふたたび

——ここまで語っていただいた内容の前提には，「環状島モデル」の考え方があると思います。最後に，臨床に携わるなかで「環状島モデル」をどのように活用できるのか，またこのモデルのアクチュアリティについてお聞かせください。

宮地　トラウマと口にできるものはすでに回復途上にあるということ，生々しい傷は本人も触りたくないし他人に触られるのも避けたいということと，語られないものこそトラウマの核心であるというトラウマのパラドクスは，いずれも「環状島モデル」を使うとわかりやすい。トラウマの深いところに入っていくときに，どのように安全性を保つのかということや，深いところに何かがあるとわかりながら，あえて浅いところでクライエントと関わり合うことなど，臨床においてもこのモデルをうまく使える部分があると感じています。トラウマが重ければ重いほど発言力があるという誤解もまだ根強いですから，「環状島モデル」とは対照的な「円錐島モデル」のメタファーを使いながら，その誤解を解いていく必要もあるでしょう。そして，どのようなときに〈内海〉から傷ついた人が這い上がるのか，そして這い上がってきた人に援助者はどう対応するのか，当事者と援助者のポジショナリティと両者の関係，内部者と外部者の関係，トラウマに触れるべきか触れざるべきかという「もどかしさ」を維持しながら相手と一緒にいること……これらを考えるうえでも「環状島モデル」は役に立ちます。

さらに，さまざまな治療技法が「環状島モデル」ではどのように位置づけられるのか，「環状島モデル」を踏まえると援助者として自分は何をしていることになるのか……と考えを広げていくこともできます。最近はいくつかの対談を通じて「環状島モデル」というメタファー／イメージを使った議論をしていて，伊藤絵美さんとの対談（伊藤・宮地，2019）では，スキーマ療法は「環状島モデル」のどこに位置するのか，という話をしました。森茂起さんとの対談（森・宮地，2018）では，秘密や嘘は〈内海〉に埋もれているという話から，水位が低くなって〈内海〉がなくなればいいとは限らず，個人としても社会としてもトラウマが100％なくなることなどありえないのだから，ある種の「もどかしさ」を抱えながらトラウマを耕していくしかない，という議論に発展しました。

トラウマやリカバリーというテーマに引きつければ，トラウマを抱えた本人が「自分は『環状島モデル』のどこにいるのか」を考える土台にもなります。これまでは〈内海〉にいたけれど，徐々に〈波打ち際〉に這い上がり，少しずつつぶやきはじめ，やがて社会に向けて発言していくというように，自分のなかでトラウマ記憶に対する整理や折り合いがついていけば，そこから離れてもいいと考えられるようになるかもしれない。これまでトラウマに直接の関係はないと考えられてきた「ひきこもり」についても，トラウマから生き延びるために選んだ方法と考えることができるかもしれません[注8]。また，声を上げられないまま亡くなった人たちのことを，「環状島モデル」の〈内海〉から想像することもできるでしょう。

私自身，イメージやメタファーから考えることが好きで，「環状島モデル」は今でも役に立っています。自分では考え抜いたつもりでしたが，新たな解釈の可能性を指摘されて，そこから学ぶことも多くあります。いわゆる大文字の「理論」ではなく，使う人たちにインスピレーションを与えられるといいし，これからもみなさんが自由に発展させてくれたらうれしいですね。

（聞き手＝編集部｜収録＝2019年8月5日）

▶注

1———安克昌（あん・かつまさ［1960 ～ 2000］）。精神科医。神戸大学医学部精神科。阪神・淡路大震災後の救護活動を綴った『産経新聞』の連載「被災地のカルテ」をまとめた『心の傷を癒すということ』（1996［作品社］）により，同年に第 18 回 サントリー学芸賞受賞。2011 年に増補改訂版が刊行され，私も「一九九五年から，二〇一一年への伝言」（宮地，2011）を寄せている。

2———「心的外傷の研究の歴史は奇妙である。ときどき健忘症にかかって忘れられてしまう時期がある。活発に研究が行われる時期と忘却期とが交替して今日に至っているのである」（ハーマン，1996/1999）。

3———『環状島＝トラウマの地政学』では，セクシュアル・ハラスメント裁判の原告・晴野まゆみの手記をもとに，ハラスメント被害のイシュー化による加害者の逆襲，近親者や援助者との溝，社会からの逆風が，どのような二次被害をもたらしたのかを論じた（宮地，2007）。

4———「きれいに分けることは困難だが，当事者は〈尾根〉の内側，〈内斜面〉に位置し，非当事者は〈外斜面〉に位置する，と大まかに考えてよい。当事者の中では，症状や被害，負担の重い人ほど内側に位置する。当事者ではないが支援者や関心をもつ者，わずかながらでもコミットしようとする者は〈外斜面〉に位置することになり，コミットメントの程度が強い者ほど〈尾根〉に近づく。関わっているうちに，非当事者にまで被害が及んだり，代理受傷（二次的外傷）を負うこともあるので，当事者性をおびるようになり，〈尾根〉より内側に行くこともある」（宮地，2007）。

5———ピーター・ラヴィーン（Peter Levine）。ソマティック・エクスペリエンシング（Somatic Experiencing®）の開発者。『心と身体をつなぐトラウマ・セラピー』（雲母書房［2008］），『子どものトラウマ・セラピー——自信・喜び・回復力を育むためのガイドブック』（雲母書房［2010］），『身体に閉じ込められたトラウマ——ソマティック・エクスペリエンシングによる最新のトラウマ・ケア』（星和書店［2016］）が翻訳刊行されている。

6———「外傷を受けた人は記憶喪失と外傷そのものの再体験という両極の間を往復し，圧倒的な強烈な感覚の洪水と全く何も感じないという砂漠のような空白状態との間を往復し，衝動的な苛立ち行動と全くの行動抑止との間を往復する。この周期的交替が不安定性を生み出し，このために外傷を受けた人の将来は予測不能なものでいっぱいになり，自分は孤立無援だという感覚がさらに強まる」（ハーマン，1996/1999）。

7———ジェンダーバイアスをもたずにクライエントに接する態度としての「ジェンダー・センシティビティ」について，援助者が服装・仕草・言葉遣いなどがどのような印象を与えるか，自分がどのような人に性愛的に魅か

れやすいのか，またどのような異性・同性が苦手なのかを認識することなど，チェックリストとともに解説している（宮地，2004）。

8———ジャーナリストの池上正樹は「環状島モデル」を援用しながら，大人・女性の「ひきこもり」を論じている（池上，2014，2016）。

▶文献

アーサー・W・フランク［鈴木智之 訳］（1995/2002）傷ついた物語の語り手——身体・病い・倫理．ゆみる出版．

晴野まゆみ（2001）さらば，原告 A 子——福岡セクシュアル・ハラスメント裁判手記．海鳥社．

ジュディス・ハーマン［中井久夫 訳］（1996/1999）心的外傷と回復．みすず書房．

池上正樹（2014）大人のひきこもり——本当は「外に出る理由」を探している人たち．講談社［講談社現代新書］．

池上正樹（2016）ひきこもる女性たち．ベストセラーズ［ベスト新書］．

伊藤絵美，宮地尚子（2019）［特別対談］こころの内海に潜る——スキーマ療法と環状島．そだちの科学 204；97-106．

アーサー・クラインマン［江口重幸ほか 訳］（1988/1996）病いの語り——慢性の病いをめぐる臨床人類学．誠信書房．

宮地尚子（1995）論点 被災支援者に心のケアを．読売新聞（4月 1 日），p.14．

宮地尚子（2004）総論 トラウマとジェンダーはいかに結びついているか．In：宮地尚子 編著：トラウマとジェンダー——臨床からの声．金剛出版，pp.8-45．

宮地尚子（2005）トラウマの医療人類学．みすず書房．

宮地尚子（2007）環状島＝トラウマの地政学．みすず書房．

宮地尚子（2011）一九九五年から，二〇一一年への伝言．In：安克昌：増補改訂版 心の傷を癒すということ——大災害精神医療の臨床報告．作品社，pp.428-440．

宮地尚子（2013）トラウマ．岩波書店［岩波新書］．

宮地尚子，菊池美名子，松村美穂（2016）人という毒，人という薬．臨床心理学 16-5；535-539．

森茂起，宮地尚子（2018）［特別対談］臨床における秘密と嘘——「環状島」から考える．こころの科学 202；98-106．

中村江里（2018）戦争とトラウマ——不可視化された日本兵の戦争神経症．吉川弘文館．

B・ハドノール・スタム［小西聖子，金田ユリ子 訳］（2003）二次的外傷性ストレス——臨床家，研究者，教育者のためのセルフケアの問題．誠信書房．

田中雅一，松嶋健（2018）トラウマ研究 1 トラウマを生きる．京都大学学術出版会．

田中雅一，松嶋健（2019）トラウマ研究 2 トラウマを共有する．京都大学学術出版会．

[特集] 人はみな傷ついている——トラウマケア

2つのトラウマ

松本卓也 Takuya Matsumoto
京都大学大学院人間・環境学研究科

I　はじめに

　トラウマ（心的外傷）という言葉が人口に膾炙して久しい。しばしば指摘されるように，本邦においてこの言葉は1995年の阪神・淡路大震災と地下鉄サリン事件を契機として広く知られるようになり，PTSDや解離をはじめとするトラウマと関連する病理への注目を生み出した。また近年では構造的解離理論のように，解離性障害，境界性パーソナリティ障害，PTSDなどをトラウマ的な記憶に由来するものとして広く捉える見方（ヴァンデアハートほか，2011）や，メンタライゼーションの観点から境界性パーソナリティ障害，複雑性PTSD，アダルトチルドレンを幼児期における虐待や過度の支配や制限などの「外傷的育ち」と関連したものとする見方（崔，2016）が紹介されており，トラウマの評価と処理を抜きに臨床を考えることは不可能であるとすら言える状況にある。

　さて，かくのごとく自明のものとなったトラウマであるが，歴史を紐解くならば，現代におけるこのようなトラウマ理解は，むしろこのトラウマという概念の一種の特殊形態であると言うこともできる。端的に言って，現代のトラウマが，その外傷を引き起こす出来事が——災害や暴力や虐待などのような形で——比較的容易に同定可能ないし可視化できることを前提としている（そうでなければ，操作的診断基準のなかにPTSDが書き込まれようがない）のに対して，かつてのトラウマはむしろ見えにくく，時には「表象不可能」であるとさえ言われるようなものだったからである。

　結論を先取りすれば，この2つのトラウマが結局のところ同じものなのかどうかについては，少なくともFreud理論のなかでははっきりとした決着がつかなかった。現代の臨床においても，同じことが言えるかもしれない。実際，PTSDのような外傷性精神障害の治療においては，たしかに現代的な「同定可能なトラウマ」が原因となっており，それを処理することによって治療が可能であるようなケースがある一方で，最初のうちこそ「同定可能なトラウマ」が問題となっているように見えていても，治療の展開のなかでより深い，言語化することも難しいような過去の謎めいた体験が問題となっていることが明らかになるケースもたしかに存在するのである。このような2つのトラウマ概念の系譜と，その関係については，相当に広範かつ慎重な検討を要するが，本稿ではFreudの議論のなかにその端緒を探ってみたいと思う。

II　Freud のトラウマ概念①
——Charcot から Freud へ

　今日では，「トラウマ」といえば心的外傷のことを指す。しかし，この言葉はもともと外科的な意味での外傷，特に外部からの力によって身体の表面が貫かれるような傷のことを指していた。たとえば，ヒステリー現象に注目した Charcot は，「外傷性ヒステリー」という言葉を用いていたが，これは馬車の事故などの現実的な衝撃による文字通りの外傷（怪我や脳震盪）によるヒステリーのことを指していた。さらに Charcot は，催眠状態において患者に「外傷を負った」という暗示を与えることによっても，同様のヒステリー現象を生じさせることができることを明らかにしていた。それに対して Freud は，1893 年の講演「ヒステリー現象の心的機制について」において，Charcot の外傷性ヒステリーと，アンナ・O のような非外傷性ヒステリー（すなわち，文字通りの外傷を受けていない症例）は類似したものであると主張した。要するに，どちらのケースにおいても，重要なのは現実の外傷そのものではなく，心的外傷——現実の外傷があったケースにおいては，その外傷に対する驚愕情動であり，外傷がなかったケースにおいては，その人物が経験した「受難」に対するそれ——であると考えたのである（Freud, 1893［pp.187-188]）。

　1895 年の Freud と Josef Breuer との共著『ヒステリー研究』でも，やはり Charcot のヒステリーの理論における外傷を，心的外傷にまで拡大するという方針が示されており，「驚愕，不安，恥，心痛といった苦しい情動を引き起こすすべての体験」が心的外傷として作用しうるとされている（さらに，これらの心的外傷を引き起こす体験は一回性のものだけでなく，累積的なものもありうることが指摘されている）（Freud, 1895［p.84]）。これらの体験は，強烈なものであるために，生体の側に随意的ないし不随意的な反応を引き起こすはずであるが，何らかの影響によってその体験に対する反応が妨げられた場合に，ヒステリーの病因となるのだという。生体の反応によって処理されなかった体験は，生々しい情動を帯びたまま保持されるのである。このような外傷的な表象は，意識のある状態では想起できないような表象として保持されており，つまりは通常の意識状態においては言語化（ないし意識化）することができないものであるが，催眠や前額法（後には自由連想法）などの特殊な技法を用いた場合にようやく想起されうるものであるとされている。後に Freud がこのような特殊な表象の運命を，「抑圧」という概念によって説明するようになったことは周知の通りであろう。

　1895 年に Freud は「心理学草案」を執筆し，そのなかでトラウマに関して「事後性（Nachträglichkeit）」という概念を導入している。取り扱われているのはエマと呼ばれる症例である。彼女は 12 歳のときに店に行った際に 2 人の店員が笑い合っているのを見て，驚愕の情動に襲われ，それ以来 1 人では店に行けなくなってしまっていた。「2 人の店員が笑い合っている」場面だけでは，トラウマを引き起こすにはとうてい不十分である。しかし，さらなる探求によって，彼女は 8 歳のときにある食料品店に 1 人でお菓子を買いに行った際に，ほくそえんだ店主によって性器をつままれたことがあることが明らかになった。Freud はここから次のように推論する。仮に，先行する 8 歳のときの出来事を「出来事 1」とし，12 歳のときの出来事を「出来事 2」とすると，「出来事 1」はエマに性的興奮を生じさせなかったが，後の思春期にやってきた「出来事 2」が「笑い」という連想的特徴によって「出来事 1」を思い出させ，そのことが自我によって防衛できないほどの性的刺激をもたらしたのだ，と。その結果として「出来事 1」は抑圧され，症状を形成したのだと考えられる。だとすれば，「出来事 1」をトラウマ的と評するとすれば，それは「出来事 2」が生じたあとに，事後的にトラウマ的になったということにほかならない。

さらに，Freud は 1893 年頃から友人 Wilhelm Fliess との書簡において，神経症の原因を主として父親からの「誘惑（Verführung）」──今日でいうところの性的虐待──であるとする誘惑理論を考想している。Freud は「神経症を作るのは父〔による性的誘惑〕である」とまで書き記しており，子どもが大人から性的な誘惑を受けたという事実の記憶が神経症の原因であると考えていたのである。しかし 1897 年 9 月 21 日には，性的誘惑の記憶は事実であるというよりも，事後的な再構成の産物（空想）であると考えるようになり，誘惑理論は放棄される。この考えは，後にこの書簡の英訳者でもあった Jeffrey Moussaieff Masson によって，性的虐待の被害者における被害の事実を無視したものとして手厳しく批判されることになるが，Freud は大人からの性的虐待がありえないと主張していたのではなく，むしろそれが事実であっても空想であっても「心的現実」として同じく機能しうると考えていたことは指摘しておく必要があるだろう。実際，彼は後の『精神分析入門講義』でも，「神経症の世界では心的現実性が決定的なものである」（Freud, 1917 ［p.383］）がゆえに，空想と現実を等しいものとして扱うことが重要であると述べている。

ここまで確認した通り，Freud のトラウマ理論は，①まず Charcot のヒステリー理論における「外傷」を，同定可能な文字通りの外傷から，しばしば同定が困難となる心的外傷にも拡大させることから始め，②その心的外傷を特殊な技法を用いてしか同定できないものとして位置づけ，③症状形成と時間的に近接する出来事（出来事 2）ではなく，より幼児期に近く想起されにくい出来事（出来事 1）にトラウマとしての価値を与え，④トラウマを同定可能な現実の出来事だけでなく幼児期の空想にまで拡張することによって，一貫して同定が困難ないし不可能なトラウマこそを「トラウマ」として扱おうとしているのである。言うまでもなく，これは現代的なトラウマ概念とは明確に対立する方向性である。

III　Freud のトラウマ概念②──Freud から Lacan へ

1916 ～ 17 年の『精神分析入門講義』における図式（Freud, 1917 ［p.376］）では，神経症の原因は「リビード固着による素因＋〔成人後の〕（外傷的な）偶然の体験」とされており，先ほどの「出来事 1」は「素因」として扱われ，「出来事 2」に対して「外傷的」という形容が用いられるようになっている。見ようによっては，この段階において Freud はもはや幼児期のトラウマをトラウマとして重要視しなくなったとも考えられるだろう。

なお，この図式における「リビード固着による素因」は，「性的体質（先史的体験）」および「幼児期体験」に分けられるとされている。後者の「幼児的体験」が現実の出来事でも空想でもありうることは言うまでもないが，前者の「性的体質（先史的体験）」に関しては若干の補足が必要であろう。「性的体質」というのは，おおむねリビード固着のことであり，幼児期においてどのリビード発達段階に固着したかによって，成人後の神経症の類型が異なると考えられている。このような考え方は後に Karl Abraham や Melanie Klein によって引き継がれていく。

興味深いのは，Freud がこの性的体質に「先史的体験（prähistorisches Erleben）」という言葉を補っていることである。驚くべきことに，当時の Freud は，人間の発達は種としての系統発生を繰り返しており，先祖の代からの性的体質が遺伝すると考えていたのである。もちろん，このような Lamarck 的な獲得形質遺伝の存在は今日の視点からは考えにくいことであるが，これを遺伝ではなく，構造についての議論として継承したのが Jacques Lacan であったと言えるだろう（Miller, 1998）。Lacan は，Claude Lévi-Strauss による『オイディプス王』の分析を参照しながら，同じ主題が家族のなかで世代を超えて現れてくるような構造的な運動がみられることに注目した。たとえば，Freud のねずみ男の症例では，父親の返済不可能

な負債（軍隊のなかで集めたお金を賭け事に使ってしまい，しかも立て替えてくれた同僚にそのお金を返すことができなかったこと）についての話が，彼の家族のなかで一種のタブーとして暗黙のうちに語られていたことが「先史」として扱われており，それが彼の固着を決定づけていると考えられたのである（Lacan, 1957）。このような見方は，トラウマという概念をFreud よりもさらに拡張するものであるように思われる。というのも，Freud におけるトラウマが，心的外傷や空想のように，あくまでひとりの個人の内部において生じるものであるのに対して，Lacan の考える構造としての「先史」におけるトラウマは，家族の歴史のなかで（一種のタブーとして）語られないという仕方で語り継がれるものでもあり，もはやひとりの個人には収まりきらないものだからである。このように，Lacan においても同定不可能な，あるいは表象不可能なトラウマこそが「トラウマ」と呼ばれていることが理解できるだろう。

　このようにして，1893 年から1917 年までの理論的変遷のなかで，Freud にとって現実の出来事としてのトラウマはあまり重要なものではなくなっていったと考えられる。ところが，その矢先，第一次世界大戦を契機として，Freud にとって外傷性神経症（戦争神経症，災害神経症）がふたたび大きな問題として現れる。当時，戦争を経験した兵士たちが不安や破壊的行動，自己嫌悪などの多彩な症状を示す病である戦争神経症が認知され，1918 年にハンガリーで開催された第5 回精神分析会議ではまさに戦争神経症がテーマとなったのである。この会議において，Abraham やFerenczi Sándor は，戦争神経症は単に戦争における現実の衝撃によって引き起こされたものではなく，個人のセクシュアリティにおけるある種の脆弱性が関わって生じたと主張している。このような考えは，先ほどのFreud の『精神分析入門講義』における図式——すなわち，本人の性的体質としてのセクシュアリティに，戦争という偶発的な体験が加わったものが（戦争）神経症である

とする図式——を踏襲するものであると言える。つまり，彼らにとっては，今日ならPTSD と診断されるであろう兵士たちにおいても，やはり（同定が容易な戦争に関連したトラウマではなく）同定が困難ないし不可能なトラウマが重要であるとされるのである。

　ところが，Freud 自身は戦争神経症にセクシュアリティ（性的体質）の関与があること（すなわち，戦争神経症においても通常の神経症と同様に，幼児期に獲得された素質が重要であること）については慎重な態度を取っており，セクシュアリティの関与は「立証されていない」（Freud, 1919 [p.323]）と述べている。かの有名な1920 年の「快原理の彼岸」における外傷性神経症論は，このような文脈において読まれなければならない。すなわち，立木（2018）が指摘するように，Freud は「快原理の彼岸」において，①外的刺激によって生体の刺激保護が崩れた結果として外傷性神経症へと至るケースと，②内的刺激（欲動）が十分に処理されなかった結果として通常の神経症（転移神経症）へと至るケースの2 系列を区別して論じており，私たちの言葉で言えば，前者①に同定可能なトラウマを，後者②に同定が困難ないし不可能なトラウマを割り振っていると考えられるのである。

　もっとも，Freud においてもこの2 つのトラウマの区別は揺らいでおり，たとえば1926 年の「制止，症状，不安」においては，不安は差し迫った危険に対する自我の反応（不安信号）であるとみなされ，戦争神経症における「生命の危険」もまた，去勢不安の類似物として機能しうるとされている。これは，同定可能なトラウマを，同定が困難ないし不可能なトラウマへと還元する考え方に近いと言えるだろう。

　Lacan について言えば，彼が外傷性神経症について言及することは稀であった。ただし，1955 年に外傷性神経症における「外部の危険」，および「快原理の彼岸」に登場した外部からの刺激と内部からの刺激について問われた際に，「外部

と内部については，次のことをよく考えてくださ
い。現実界の水準ではこの外部と内部の区別はい
かなる意味もありません。現実界には裂け目があ
りません」（Lacan, 2000［p.140］）と述べている
ことが特筆される。後に彼が，Freud における現
実界が「主体のなかの『同化できないもの』とい
う形で，つまり主体のその後を決定し，主体に
一見偶発的な起源を与える外傷という形で現れ」
（Lacan, 1973［p.55］）ることを強調していること
と併せると，Lacan の考えは 1920 年の Freud よ
りも 1926 年の Freud に近いと言えそうである。
なお，近年の Lacan 派では，子どもがはじめて
言語と出会ったときに生じたトラウマ的な衝撃を
「身体の出来事（événement de corps）」と呼び，
この身体の出来事はその衝撃ゆえに絶えず反復さ
れ，その反復のなかで症状が生み出されると考え
られている。さらに，Jacques-Alain Miller が「人
はみなトラウマ化されている」（Miller, 2010）と
発言したことからもわかるように，この学派にお
いては同定が困難ないし不可能なトラウマが一貫
して重視されており，PTSD における同定可能な
トラウマは，患者本人の素因としてのセクシュア
リティや空想があるがゆえにトラウマとなるのだ
と考えられているようである（La Sagna, 2014）。

Ⅳ　おわりに

　以上，Freud（および Lacan）を中心に，精神
分析的なトラウマ概念に 2 つのものを区別し，そ
の関係についての考え方を整理した。ここから見
えてくるのは，PTSD において見られるような同
定可能なトラウマよりも，同定が困難ないし不可
能なトラウマこそを重要なものとみなそうとする
Freud（および Lacan）の一貫した傾向と，その
傾向に逆らって，2 つのトラウマ概念を保持して
2 つの神経症（外傷性神経症と通常の神経症）を
分けて考えようとする 1918 ～ 1920 年の Freud
の慎重な態度のコントラストである。
　おそらくは，後者の慎重な態度こそが，臨床に
おいて求められているものであろう。同定可能な

トラウマだけに注目し，その下にあるトラウマの
古層を見ようとしないのでは不十分であろう。同
様に，より幼児期に近く同定が困難ないし不可能
なトラウマの存在を最初から前提することは，ト
ラウマに苦しむ眼の前の患者に大きな侵襲をもた
らしかねない。Freud が慎重な態度を取ったのは，
彼自身が外傷性神経症の症例を十分に診ていない
からであったようだが，私たちは個々の症例にお
いて 2 つのトラウマ概念を見出し，その関係（あ
るいは関係のなさ）を新たに再発見することが求
められている。

▶文献
崔炯仁（2016）メンタライゼーションでガイドする外傷的
　育ちの克服．星和書店．
Freud S（1893）Über den psychischen Mechanismus
　hysterischer Phänomene. In : Gesammelte Werke
　（Nachtragsband）. Fischer Verlag., pp.181-195.
Freud S（1895）Studien über Hysterie. In : Gesammelte
　Werke（Vol.1）. Fischer Verlag, pp.75-312.
Freud S（1917）Vorlesungen zur Einführung in die
　Psychoanalyse 1916-1917. In : Gesammelte Werke
　（Vol.11）. Fischer Verlag.
Freud S（1919）Einleitung zur Psychoanalyse der
　Kriegsneurosen. In : Gesammelte Werke（Vol.12）.
　Fischer Verlag, pp.321-324.
Lacan J（1957）Les clefs de la psychanalyse : Entretien
　avec Madeleine Chapsal. L'express 310 ; 20-22.
Lacan J（1973）Les quatre concepts fondamentaux de la
　psychanalyse. Le Séminaire Livre XI（1964）（J-A Miller
　（Ed.））. Paris : Seuil.
Lacan J（2000）Le Moi dans la théorie de Freud et dans
　la technique de la psychanalyse（Séminaire 1954-1955）.
　Paris : Association Lacanienne Internationale.
La Sagna P（2014）Les malentendus du trauma. La
　Cause du Désir 86 ; 40-50.
Miller J-A（1998）Le Séminaire de Barcelone sur Die
　Wege der Symptombildung. In : Champ Freudien（Ed.）:
　Le Symptôme-charlatan. Paris : Seuil, pp.11-52.
Miller J-A（2010）Vie de Lacan. Cours de 2010（inédit）.
立木康介（2018）トラウマと精神分析─フロイトにみる「外
　傷」概念の分裂．In : 田中雅一，松嶋健 編：トラウマ
　を生きる．京都大学学術出版会，pp.33-62.
オノ・ヴァンデアハートほか［野間俊一，岡野憲一郎 監訳］
　（2011）構造的解離─慢性外傷の理解と治療（上巻）（基
　本概念編）．星和書店.

[特集] 人はみな傷ついている──トラウマケア

複雑性トラウマ（Complex PTSD）

慢性反復性の外傷

田中 究 Kiwamu Tanaka

兵庫県立ひょうごこころの医療センター

I　はじめに

WHO（世界保健機関）による『国際疾患分類 第11版（ICD-11）』が2018年に改訂され，複雑性心的外傷後ストレス障害（Complex PTSD : CPTSD）が収載された。診断概念としてのCPTSDはHerman（1992）が提唱しており，公式な診断名ではないものの，わが国でも臨床家はCPTSDを共通用語，共通概念として用いてきたように思われる。それは，子どもの身体的・性的虐待やドメスティック・バイオレンス（DV）などの長期反復的トラウマ被害者の精神保健にかかわる臨床家や支援者にとって，被害者らには一回性の事故や被害による単純性PTSD症状に加えて，気分不安定性，対象への否定的認知，パーソナリティ変化などはるかに複雑な病態が見出されることを経験しており，この病態を説明するのにHermanによるCPTSD概念がぴったりであるということを認識していたからであろうと推測される。

こうした状況のなかで，アメリカ精神医学会の『精神障害の診断・統計マニュアル第5版（DSM-5）』に収載されなかったCPTSDが，ICD-11に収載されたことは，臨床家・支援者にとって望まれたことであり，歓迎すべきことであろう。しかし，同時に概念の精密化や診断の厳密化によって，臨床の用語として利用しがたくなる可能性もあることを知っておきたい。

II　症例

症例：A子・31歳・女性

A子は，大都市下町で職人の父，専業主婦の母，3歳年長の兄の下に出生。幼少時期の精神身体発達に指摘はない。中学3年生および高校3年生時，入眠時拍動性頭痛のため近医受診，自律神経失調症と診断されたが継続通院なし。高校卒業後，有名私大に入学し，在学中に知り合った3歳年下の夫と，卒業後23歳で結婚し，夫の出身の地方都市に暮らした。結婚半年後，夫の助言で仕事を始めたところ抑うつ症状が出現した。症状は入眠時の眼窩奥の差し込むような拍動性頭痛，うつ気分，自責感，不安，頭のなかが冷たくなった感じ，言葉の出にくさ，朝の気分不良，涙が溢れることなどを認め，近医内科を経てX-7年1月総合病院精神科を初診し，うつ病と診断され，抗うつ剤，睡眠導入剤を投与された。

通院継続していたが，うつ症状はおおむね11月頃から3月頃に見られ，薬剤への反応が乏しく，この時期以外には症状はほとんどないか一過的で，薬剤も極少量あるいは服用されなくとも症状の悪化を見ないことから季節性うつ病が疑われた。X-1年，

高照度光療法も試みられ抑うつ感の改善は見られたが，開始時期が自然経過でも回復の見られる2月であったため，治療効果の判定は保留された。その後，被虐待体験を主治医に語り，筆者に紹介された。

被虐待歴

　幼稚園時代に父親に「可愛くない」と父親に言われ，理由もなくぶたれた。小学校低学年時には，登校前に体温測定をしていて，突然頭を床に打ち付けられ，首を絞められ，気が遠くなったというようなことがしばしば起こった。その際には痛みはなく，ただ恐怖のみであった。暴力は中学，高校時代になって減ったが，気管支炎を起こしがちで呼吸困難になることがあり，その状態でも病院へ一人で行くように言われ，行かないと頭部を拳固で，頬を平手で殴られた。暴力がなくなったのは高校卒業後のことであった。

　暴力は母親や弟には向けられず，また飲酒にも関係なく，階上の他の家族の見えない部屋で振るわれた。「母は私が理由もなく父を嫌っていると思っていた」「母が私を庇うと，祖父母や兄にまで暴力が及んで無茶苦茶になると思った」と述べた。

　21歳のとき，援助者であった祖父に排泄介助が必要となり，A子とは繋がりのない親戚に引き取られていった。すでに大学生となっていたA子は見送りや面会に行くこともできたが，実際には行なわなかった。不安なときには祖父の言葉やその時のイメージが出てきて慰められるのに，自分は何もできなかったと自責的な感情や祖父にまつわるイメージについて述べた。そして祖父の写真はなく，墓所も知らないと言った。しかし，祖父が引き取られた日も命日も覚えており，いずれも晩秋だった。

治療経過

　うつ状態が晩秋から始まることとの関連を本人は認知し，外傷体験へのアプローチを行うことになった。EMDRを施行し症状は軽減，通院も間遠となった。しかし，挙児を求める婚家や夫との関係で抑うつ，希死念慮，自傷行為などが出現し離婚，その後，職を得てひとまわり年長の夫と再婚，義父母と生活し，2年後に女児を出産した。出産後より抑うつ，過呼吸，失神など解離症状が見られ，子どもの顔を見ることができず，育児も家事もできなくなった。

ほとんど一日横になって生活していたが，実家での虐待の再体験症状，フラッシュバックを認め，子どもに対して「首を絞めるなんて絶対しない」と繰り返していた。家事援助していた義母が急逝し，義父には認知症が見られ，公的な育児支援，家事支援を受けるようになったが，育児支援者に娘の発達障害の可能性を指摘され気分は一層不安定となった。過量服薬・自傷行為を認め，自殺企図を訴え，「（夫が）子どもや自分を加害する」「（夫や支援者が）自分から子どもを取り上げる」といった被害関係妄想や興奮を認めるようになった。抗うつ薬では気分安定せず気分安定薬や抗精神病薬を要し，夫や支援者の些細な言動に敏感で，解離症状，過量服薬は現在も認めることがある。自分の無力感，無価値感に加えて自罰的な感情を述べ，子ども以外の他者に対して親しい対人関係，感情をもつこともない。夫との関係は疎であるが，子どもの成長に伴って起きている時間がやや長くなり，子どもの家事を手伝うことなどを始めている。

　幼少期に被虐待体験をもつ人は，子どもが想起因子（リマインダー）となることがある。育児を契機に自らの被虐待体験が蘇るのである。A子は季節性うつ病と診断され，被虐待体験を述べたことから紹介され，トラウマ治療を受けてうつ症状は一旦寛解し，生活していた。しかし，出産以降，うつ症状はPTSD症状を伴って再発して，治療を再開した。この際には，自分自身の被虐待体験のフラッシュバック，再体験症状や回避麻痺症状，過覚醒症状などPTSD症状は明確で，それに伴う解離症状，突発的な感情昂奮，無価値感や自責感といったうつ症状を認め，支援者との関係も被害的で疎で深まらないものであった。A子はうつに対する治療から精神科通院を開始し，トラウマとの関連を理解して一旦寛解し，就労するなど社会的機能も保持していた。しかし，出産後の状態は複雑な病態を示しており，診断には苦慮していた。トラウマ関連でPTSD症状を認め，加えて遷延する解離症状，うつ状態などを伴い，リマインダーとしての子どもの存在によって症状が遷延していると捉え，総体としてはHermanの述

表1　複雑性外傷後ストレス障害（抄）
（Herman, 1992）

①感情制御変化（持続性不機嫌，慢性的な自殺念慮，自傷，爆発的憤怒など）

②意識変化（外傷的事件の健忘あるいは過剰記憶，一過性解離症状，離人症，再体験症状など）

③自己感覚変化（孤立無援感や能動性麻痺，恥辱，罪業，自己批難，汚辱感など）

④加害者への感覚変化（加害者へのとらわれ，加害者の全能性への非現実的認知，理想化，加害者の合理化など）

⑤他者との関係の変化（孤立，引きこもり，対人関係の切断，不信感など）

⑥意味体系の変化（信仰の喪失，希望の喪失，絶望など）

表2　他に特定不能の極度ストレス障害（DESNOS）（抄）
（van der Kolk et al., 2005）

①感情および衝動の統御における変化（感情制御，怒りのコントロール，自己破壊的行動など）

②注意や意識における変化（健忘，解離）

③身体化

④自己概念の変化（役に立たない人間だという感覚，取り返しのつかないダメージ，慢性的な罪悪感など）

⑤加害者に対する認識の変化（加害者から採り込んだ歪んだ信念，加害者の理想化など）

⑥他者との関係の変化（他者を信頼できない，再外傷傾向，他害など）

⑦意味体系における変化（絶望感と希望の喪失，自分を支えていた信念の喪失）

べる CPTSD の状態にあてはまると考えていた。治療は遷延していたが，子どもが思春期を迎え，A子が虐待を受けた時期より子どもの年齢が上がり，リマインダーとなりにくくなったのか症状は軽減していった。その後は，薬物療法を継続しながら，子どもの成長をそのつどA子と確認する面接を定期的に行なっている（本症例に関して，A子から同意を得ているが，個人情報に配慮し論旨を損なわない範囲で改変している）。

III　CPTSD

　CPTSD を提唱した Herman（1992）は「極限状況の生存者の執拗な不安，恐怖，恐慌は通常の不安障害と同じものではない。生存者の身体症状は通常の心身症と同じものではない。その抑鬱は通常の鬱病ではない。また，同一性障害及び対人関係障害は通常の人格異常と同じものではない」と述べ，これについて「正確で全体を包括する診断概念が欠落している」と批判する。すなわち「長期反復性外傷の生存者の症状はしばしばはるかに複雑」で「長期虐待の生存者は特徴的な人格変化を示し，そこには自己同一性および対人関係の歪みも含まれる。幼年期虐待の被害経験者も自己同一性と対人関係とに類似の問題を生み出す」と述べる。そして「現在の PTSD の叙述では長期反復性外傷のあらゆる表現形をとる症状発現を捉え

ることもできていないし，捕囚生活において起こる人格の深刻な歪みをも捉えそこなっている」と述べて，「複雑性外傷後ストレス障害（複雑性PTSD）」を提案した。さらに Herman は，こうした心的外傷に対する反応は「一つの障害ではなく，さまざまな病的状態より成る一つのスペクトル」すなわち自然治癒するような「短期ストレス反応」から単純性 PTSD，複雑な長期反復性外傷症候群までの拡がりをもつ症候群として理解するのがよいと述べ，こうしたことは，さまざまな臨床家がすでに記述してきたことでもあると記している。

　Herman の述べる CPTSD は「全体主義的な支配下に長期間（月から年の単位）服属した生活史」すなわち「人質，戦時捕虜，強制収容所生存者，一部の宗教カルトの生存者」「性生活及び家庭内日常生活における全体主義的システムへの服属者」「家庭内殴打，児童の身体的および性的虐待の被害者および組織による性的搾取（を受けた者）」といった，長期反復性トラウマの被害体験をもつ人において表1の症状が認められるものと定義されている。

　この Herman の CPTSD 概念が提起された後，これに身体化症状を加え DSM-IV 収載に向けて，van der Kolk らを中心とする DSM-IV 作成作業部会において「他に特定不能の極度ストレス障

表3　自己組織化の障害（DSO）（飛鳥井（2019）より引用）

感情制御困難（AD）	感情反応性の亢進（気持ちが傷つきやすいなど） 暴力的爆発 無謀なまたは自己破壊的行動 ストレス下での遷延性解離状態 感情麻痺および喜びまたは陽性感情の欠如
否定的自己概念（NSC）	自己の卑小感，敗北感，無価値感などの持続的な思い込みで，外傷的出来事に関連する深く拡がった恥や自責の感情を伴う
対人関係障害（DR）	他者に親密感をもつことの困難 対人関係や社会参加の回避や関心の乏しさ

害（Disorders of Extreme Stress Not Otherwise Specified：DESNOS）」（van der Kolk et al., 2005）として検討された（表2）。

　しかし，この DESNOS 診断基準のフィールドトライアルでは，身体化，解離，感情調節不全という PTSD 診断基準に含まれない独立因子が見出されたものの，PTSD に対する DESNOS の疾病独立性が認められず，あったとしても非常に稀である，境界性パーソナリティ障害との弁別が不明確である，うつ病症状との重複，非西洋諸国において有病率が高い可能性があったが文化差についての検討はなされていないことなど（Friedman, 2013；Friedman et al., 2011；Resick et al., 2012）から，DSM-IV には収載されなかった。また，その後の DSM-5 にも収載されなかったが，「認知と気分の陰性変化」「自己破壊的な行動」が追加されて，DESNOS の要素が取り入れられることになったのである。

Ⅳ　ICD-11 における CPTSD

　このフィールドトライアルの結果は ICD-11 での基準作成でも参照された（Brewin et al., 2017）。その上で，CPTSD は PTSD と独立した診断単位ではなく，PTSD を前提として，DESNOS のフィールドトライアルで頻度の高かった3カテゴリー「感情制御困難（Affect Dysregulation：AD）」「否定的自己概念（Nagative Self-Concept：NSC）」「対人関係障害（Disturbance in Relationship：DR）」を「自己組織化の障害（Disturbance in Self-Organization：DSO）」として取り出し，PTSD 診断に加えてこの DSO を伴う場合に CPTSD を診断することとしたのである（すなわち，CPTSD ＝PTSD＋DSO）。

　一方，ICD-11 における PTSD の定義は再体験症状，回避症状，脅威の感覚と3因子構造で定義され，侵入，回避，認知と気分の陰性変化，覚醒亢進の4因子構造の DSM-5 とは異なっており，DSM-IV までの3因子構造と同様である。ICD-11 における PTSD 診断においてはこれまで通りの3因子構造を維持し，CPTSD は PTSD に DSO の3因子を伴うものとして定義されたのである（表3）。

　この DSO 症状には DSM-5 で記述された症状に含まれることになったものも多く，DSM-5 が PTSD 概念を拡大したのに比べて，ICD-11 は PTSD の基本構造を維持して，併存症状として DSO に記述した形式になっていると言えよう。しかし，DSO に記述される症状の強度や頻度についての臨床閾値は不明である。先に記して症例 A 子に当てはめた場合に，彼女の病態は Herman の述べた CPTSD に沿って説明できると考えるが，現在症として PTSD 症状が突出して存在しているわけではなく，DSO 症状の頻度や持続が大きくないものもあり，ICD-11 での CPTSD を適用できるのかは不明確である。また，Herman は長期反復性外傷の受傷者を想定していたが，ICD-11 の CPTSD 概念では必ずしもそうではない。単回性トラウマであっても DSO 症状をもつ場合には，外傷体験以前の被害体験やパーソナリティ構造を検討し，別の診断名を用意するのか，今後の議論を積み重ねなくてはならないだろう。

Ⅴ　おわりに

　臨床家にとって Herman や van der Kolk の述べた長期反復性外傷の影響がもたらす CPTSD 概念には肯くところが多く，概念提起から疾患概念として結実したことは，時間がかかったにせよ，この概念への支持が持続したことによると言えるだろう。しかし，先述したように，症候学的にも，また心理社会的，生物精神医学的にも検証すべきことは多い。また大江・前田（2019）の述べるように，DSM と ICD の違いが混乱を招くことも予想される。しかし，すでにトラウマ治療に携わる臨床家にとって心的外傷後の複雑な病態を記述する用語を手にした意味は大きい。また，トラウマ治療に直接携わらない立場にあっても，トラウマインフォームドケアの視点を手にすることになり，当事者への説明に用いることができるかもしれない。そういった点でも CPTSD の国際疾患分類への記載は意義深いものであると考える。

▶文献

飛鳥井望（2019）複雑性 PTSD の概念・診断・治療. 精神療法 45-3；323-328.

Brewin CR, Croitre M, Hyland P et al.（2017）A review of current evidence regarding the ICD-11 proposals for diagnosing PTSD and complex PTSD. Clinical Psychology Review 58；1-15.

Friedman MJ（2013）Finalizing PTSD in DSM-5：Getting here from there and where to go next. Journal of Traumatic Stress 26；548-556.

Friedman MJ, Resick PA, Bryant RA et al.（2011）Considering PTSD for DSM-5. Depression and Anxiety 28；750-769.

Herman JL（1992）Trauma and Recovery. NewYork：Basic Books.（中井久夫 訳（1999）心的外傷と回復［増補版］. みすず書房）

大江美佐里，前田正治（2019）PTSD 関連疾患―DSM-5 との比較を軸に. 精神医学 61-3；255-260.

Resick PA, Bovin MJ, Calloway AL et al.（2012）A critical evaluation of the complex PTSD literature：Implications for DSM-5. Journal of Traumatic Stress 25；241-251.

van der Kolk BA, Roth S, Pelcovitz D et al.（2005）Disorders of extreme stress：The empirical foundation of a complex adaptation to trauma. Journal of Traumatic Stress 18；389-399.

World Health Organization（2018）ICD-11 mortality and morbidity statistics, 6 B41 complex post traumatic stress disorder.（https://icd.who.int/browse11/l-m/en#/http%3a%2f%2fid.who.int%2ficd%2fentity%2f585833559［2019 年 12 月 13 日閲覧]）

[特集] 人はみな傷ついている──トラウマケア

心的外傷後成長（Post-traumatic Growth：PTG）

変容の先に待つもの

菊池美名子 Minako Kikuchi

国立精神・神経医療研究センター

　鳥は卵の中からぬけ出ようと戦う。卵は世界だ。生まれようと欲するものは，一つの世界を破壊しなければならない。

　　　──ヘルマン・ヘッセ（1919=1951）『デミアン』

Ⅰ　はじめに

　研究調査で，薬物を使用しながら生き延びてきた女性たちのライフヒストリーの聞き取りをしていると，〈変容の物語〉が生まれる瞬間に立ち会うことがある。

　症状のすべては消え去らない。行動レベルで変容していないことも多い。けれども，彼女らがたとえば「地獄」だったと形容する，クスリと混乱と暴力にまみれた昔の日々を思えば，そこからは想像もつかない今の生活と自分がある。植物や動物を大事に育てられる自分。生きることが少しずつ楽しいと思えるようになってきた自分。幼年期の性的虐待経験，DV といった被暴力体験も，ゆるせはしないけれど，理解はできるようになった自分。ターニングポイントとなった，家族との和解，人や支援との出会いと，関係のなかで生かされていることへの感謝。そうした語りだ。

　こうした，困難の意味づけとその果ての変容，そして，困難の以前よりも何か豊かなものの獲得，という語りは，どれもこれもが個別具体でその人だけの独自なものでありつつ，しかし同時に，普遍的なものでもある。古くは旧約聖書ヨブ記に始まり，数多くの文学作品や映画，ドキュメンタリー，ポップカルチャー，そして哲学，神学，ライフヒストリー研究，エスノグラフィなどの学問分野において，それらのテーマが描かれ，論じられてきた。

　一方，ここ 20 年ほどの間では，教育，医療，看護，福祉，心理学といった分野において，同様のテーマが「心的外傷後成長（Post-traumatic Growth（以下，PTG））」として概念化され，尺度の開発と研究，介入への応用が進んでいる。PTG の理論モデルを構築した Tedeschi & Calhoun（2004）によれば，PTG とは，基本的世界観や中核的信念を大きく揺さぶるような破壊的出来事の経験と，（崩された世界観を再構築する）認知的な処理の後に起きる，「ポジティブな」変容を指す概念である。「破壊的な出来事」は，PTSD の出来事基準に合致するような狭義の外傷体験には限らない。当人の世界観や自己イメージを打ち砕くようなストレス体験すべてを包含し，たとえば出産や受験の失敗，失業なども，それにあたる。

このモデルによれば，しかし，先にあげた薬物使用経験のある女性たちのように，幼年期の逆境体験（Felitti et al., 1998）や蓄積トラウマ（Grasso et al., 2013）を有し，改めて「打ち砕かれる」ことのできるような，ある程度は肯定的な世界観を前提として持ち合わせていなかった場合，PTGは起きない，あるいは起きにくいことになる。こうした，複雑性トラウマの様相を呈する事例において，先のような変容の語りは，限られたごく一部の者だけに許された特権的な語りなのだろうか。彼女らにとって，変容はどのように可能であり，それ以前に，そもそもPTGは目標として目指されるべきものなのだろうか。

複雑性トラウマとPTGの関連についての研究は国外でも非常に数が限られており，緒についたばかりである。本論では，この複雑性トラウマ，なかでも性的虐待歴に起因した複雑性PTSDとPTGに関する文献展望をもとに，この新興の概念の登場により切り開かれる地平と，そして，同時に不可視化・周縁化される側面について論じる。

II　複雑性PTSDにPTG概念は適用できるか

PTGの操作的な定義と評価には，現在，「心的外傷後成長尺度（Posttraumatic Growth Inventory（以下，PTGI））」（Tedeschi & Calhoun, 1996）が最もよく用いられる。PTGIは，心理的変容が起きる領域を，次の5つの領域に絞っている——「他者との関係」「人生の新たな可能性」「人間としての強さへの自覚」「スピリチュアルな（精神性的）変容」「人生に対する感謝」である。

一方で，複雑性PTSDとPTGの関連について考えるとき，まず気づくのは，以下に述べるような複雑性PTSDの中核症状が，上記の定義と背反する点である。

事故や災害などによる一回性のトラウマに反し，長期反復的な，脱出が難しい状況で持続されるトラウマ体験への反応について，最初に概念化したのはHerman（1992）だが，この障害は2018年，複雑性PTSDとしてICD-11（WHO, 2018）に正式に記載され，再体験や回避といったPTSD症状に加えた，否定的自己認知，対人関係上の困難，感情調節困難といった広範な障害形成によって特徴づけられている。

このうち，否定的自己認知，対人関係上の困難といった症状が，PTGの「人間としての強さへの自覚」，つまり肯定的な自己認知に関する項目や，「他者との関係」の肯定的側面への着目の，真逆に位置することは言うまでもない。また，感情調節困難は，制御できない怒りや行動化などにより自己認知も他者との関係性も危険に晒す。逆に回避，麻痺，解離が常態化すれば，認知処理のみならず，生活全般にも支障をきたす。加えて，性的虐待の場合，PTSD症状の重症度自体も他のタイプのトラウマに比して突出して高く，症状が遷延化しやすい（Shakespeare-Finch & Armstrong, 2010）。

また，幼年期における虐待の場合，かれらの認知的枠組みは，トラウマ体験が持続的に反復されるなかで並行して形作られる。したがって，前項で言及した通り，安定的な世界観の崩壊と再構築といったPTGの基本的な理論モデル自体が適用できない。

以上のような種々の悪条件にもかかわらず，しかし，いくつかの研究は性的虐待サバイバーにPTGが起こりうることを明確に示している。PTGIを用いた調査では，性的虐待サバイバーのPTG平均値は，さまざまな外傷タイプ（Morris et al., 2005），救急隊員（Shakespeare-Finch et al., 2003, 2005），癌サバイバー（Carboon et al., 2005），交通事故サバイバー（Shakespeare-Finch & Armstrong, 2010）の場合と同程度であることが確認されている（Lev-Wiesel et al., 2004；Shakespeare-Finch & de Dassel, 2009；Shakespeare-Finch & Armstrong, 2010）。ベネフィット・ファインディングに関する質的・量的研究手法による調査では，性的虐待歴のある女性の半数以上に，PTGと似た変容がみられた（Draucker et al., 1992；McMillen et al., 1995；

Wright et al., 2007)。

研究では，また，外傷時の認知的限界にもかかわらず，幼年期性的虐待を生き延びた成人のPTG平均値は，青年期の同虐待を生き延びた成人と同等であった（Shakespeare-Finch & de Dassel, 2009)。こうしたことから，Shakespeare-Finch & de Dassel (2009) は，既存の理論モデル以外のメカニズムも，PTGに関与している可能性があると結論づけている。

Ⅲ　傷ついても，弱くてもよい

興味深いのは，「種々の悪条件にもかかわらず」というより，それらの悪条件があるからこその変容である可能性が，解析により示唆される点である。

さまざまな外傷体験によるPTSD症状とPTGの関係を調べた，42研究のメタアナリシス（Shakespeare-Finch & Lurie-Beck, 2014）では，症状が増えるほどPTGの値も増すという関係にあることがわかった。当然例外もあるものの（Shakespeare-Finch & Armstrong, 2010），性的虐待の場合，たとえばLev-Wiesel et al. (2004) によれば，家族からの性被害では，家族外からの被害に比べPTGスコアが高いが，これはPTSD症状の大きさにより媒介されていた。また，Kaye-Tzadok & Davidson-Arad (2016) によれば，性的虐待サバイバーの自責の感情が強いほどPTGスコアも高かった。

また，Calhoun & Tedeschi (2006) は，PTGには反芻の過程が不可欠であるとしており，Zhou & Wu (2016) は，侵入的反芻が意図的熟考を経てPTGの実感へと至ることをパス解析により示している。さらに，PTSD症状のクラスター別に検討した研究では，過覚醒および侵入症状は，PTGの値と有意な正の相関をみせたのに対し，回避症状はPTGスコアの低さと関連していた（Shakespeare-Finch & de Dassel, 2009）。これは，反芻や自責のような自己の経験の振り返りを促す要素がPTGにつながり，逆に回避の場合

はそれを阻害する可能性を示唆する。

これらのことからまずわかるのは，外傷後の苦痛にあえぎながらも，人々はPTGに至ることができ，むしろ，その苦しみやもがきが大きいほど，大きな変容を遂げていた点である。Levine et al. (2009) は，レジリエンスが高い人ほどPTGを経験しにくいことを明らかにしており（ストレス状況を経ても症状などがみられない状態にレジリエンスを見る立場から），これに対しTedeschi (2011) は，レジリエンスが高い人の場合，PTGの鍵となる反芻や葛藤を体験しにくいため，PTGを経験しづらいのではないか，という。

ただし，症状などによる苦痛の大きさには上限もあり，Shakespeare-Finch & Lurie-Beck (2014) は，PTSD症状がある一定以上の重度になると，以降は負の影響となる（PTSDが強いとPTGが減る）ことも示している。つまり，レジリエンスが高ければPTGに至りにくいが，低すぎる場合は症状に圧倒されてしまうため，症状の調整が必要だということになる。このように，PTSD症状などの苦しみとPTGとの関係性には複雑な側面もあり，一概に結論づけるのは難しいが，両者は並存し，深く関わりあっていることは間違いない。

また，Dagan & Yager (2019) は，複雑性PTSDを有する人々が，PTGに至る場合とそうでない場合とを分かつ要因と，PTGに至るメカニズムについて，質的調査の結果から，次のような仮説を立てている（なお，量的には一貫性の高い結果は得られていない）。複雑性PTSDの場合，アタッチメントと社会的相互関係（特に語りの聞き手の反応）が，PTGにおいて中心的な役割を果たす。よって，新しい安全な対人関係（支援者，グループの仲間，親密な他者など）のなかで修正的な感情体験をしていくことのなかに，既存のPTG理論モデルのオルタナティブとなるメカニズムを位置づけることができるのではないか，と。

つまり，PTSD症状のある程度の抑制と，安全な（治療）関係におけるアタッチメントの修正，そして聞き手に恵まれた支持的な環境のなかで経

験の解釈と再解釈を重ね，ストーリーテリングを進行させること（Joseph, 2011）ができれば，複雑性 PTSD のケースにおいても PTG は十分に可能になるといえよう。

Ⅳ　「心的外傷後成長」という物語の力と限界①

こうした研究より得られる理論的含意をまとめれば，まずは以下のようになろう。

ひとつは，PTG についてよく誤解されているように，PTSD 症状の消失，適応という「回復」のその延長線上に，「回復」した人間が辿りつく「成長」という境地があるわけではないこと，そしてレジリエンスの高さによって，その境地に辿りつくことが可能になるとは限らないということである。

むしろ PTG 概念は，症状の有無や，適応・不適応といった価値観の転換をせまる可能性をはらんでいる。それは同時に，レジリエンスという概念が内包する「困難を克服する，乗り越える」といった発想の再考と，苦しみや痛みとの共生やバランスといった視点を提示するものである。

また，先に示したような，複雑性 PTSD の症状の深刻さなど，病理学的な数々の言説は，ときに当事者を暗澹とさせ，その自己像を「犠牲者」「病者」「弱き者」「回復を背負わされた者」として呪縛するものでもある。それに対し PTG 研究は，苦しみやもがきそれ自体に意味を付与するのみならず，サバイバーの生み出した新しい価値に着目し，サバイバ 像を再定義する。さらに，症状や本人の苦しさなど，表面上は何も変わらないように見えても，変わらないその時期こそ，苦しみによるもがきと，意味の組み替えと統合の起きる，最もダイナミックな時期であると位置づけることができる。これは，PTG 研究の言説そのものが，経験の再解釈をするための，新しいプロット，語彙を提供する物語となり得ることを示している。

ただし，その一方で，PTG 研究と言説のもつ再定義の力，新しい物語としての力は，非常に限定されたものでもある。それはおそらく，この

新興の概念が，健康生成論（Antonovsky, 1987），ポジティブ心理学（Seligman & Csikszentmihaly, 2000）といったメンタルヘルス領域のトレンドを色濃く反映しながら登場し発展したという，その出自に負うところが大きい。

PTG 概念の限界は，まず端的には，PTGI という尺度の限界としてあらわれる。たとえば PTGI には，「他の人たちとの間で，より親密感を強くもつようになった」という項目がある。しかし，「人との距離感がよくわかるようになってきた」とか，「孤独を受け入れることができるようになった」といった変容は，その射程に収められない。本論冒頭の，変容を語る女性たちの声にあったような，自然や動物への愛に関する項目もない（宅, 2016）。また，Baker et al.（2008）の研究では，「自分の感情を表に出したくないと思うようになってきた」「自分の感情を表に出しても良いと思うようになってきた」といった両価的な変容を同時に体験している人が約 27％いたが，その矛盾を同時に抱えられる力を，PTGI は評価できない。何よりも PTGI は，ナラティヴとして表象されない，人間の生み出した価値の豊かさを捉え得ない。

もちろん，PTGI の 5 因子の妥当性をめぐる批判や議論と，PTG の質的研究による，より適合的な項目の同定の努力は，これまですでに多くの PTG 研究者により為されてきた。人間の矛盾やその複雑なあり方の魅力を描き出すなら，エスノグラフィックな研究手法やライフヒストリー研究といった他の手法を援用すればよい。人の数よりも正解のある変容の多様なあり方を，とりこぼすことなく拾い上げられる尺度など存在し得ない。どこかで線を引いて尺度を用いるからこそ，先述したような解析が可能になる。

しかし問題は，その線引きが何を反映しているか，にある。

Ⅴ　「心的外傷後成長」という物語の力と限界②

たとえば，先に挙げた性的虐待サバイバー女性のベネフィット・ファインディングに関する調査

（McMillen et al., 1995）の回答のほとんどは，自分の強さを見出したことや，家族との関係の深まりなど，PTGIと一致するような内容であった。しかし，なかには，「男性を信頼しないようにし，自分の身を守るようになった」「簡単に男性と関係を持つのをやめた」といった項目も挙がっていた。

　こうした結果に対し，Shakespeare-Finch & de Dassel（2009）は次のように述べる。「この変容がベネフィットとして挙げられていることは，主観性の問題を提起する。自己防衛のために人間関係の満足度を引き替えにするこのあり方は，通常は性的虐待の悪影響と考えられる。これは，成長に関する構造化・標準化された指標の使用の必要性を強調するものである」。また，Wright et al.（2007）による同様の研究でも，サバイバー本人により「主観的に」ベネフィットとされた変容が，「客観的に」適応的か否かが検討されている。

　PTG研究では，このように主観的評価のみならず客観的（そして適応的）変化も伴って初めてPTGとみなす立場が，少なからず存在する。たとえば行動の変化や健康促進，そして内面を重視する場合は，パーソナリティの「ポジティブな」変化があって初めてそれはPTGである，という立場である。しかし，パーソナリティのポジティブな変化とは何だろうか。

　小塩（2016）によれば，ポジティブ心理学の台頭後，人間の「生死」を左右するのみならず，人生上の成功をもたらす重要な要因としてのパーソナリティ特性が注目を集めるようになった。だが，本来パーソナリティとは，どのような特性であってもポジティブでもネガティブでもない，中立的なものである。環境との相互作用により，良い結果と悪い結果がもたらされるだけであり，普遍的にポジティブなパーソナリティなど存在し得ない。

　このように，あらゆる性格特性を元来はニュートラルなものとして捉えたとき，ある一定の特性への変容をもって「成長」あるいは「ポジティブ

な」変化と呼び慣わし，方向づけるあり方の限界と恣意性が浮き彫りになる。

　PTGの尺度の項目は，変容の目安にはなり得るが，決して絶対ではない。文化差やジェンダー差も大きい（Taku, 2013）。また状況によっては，その帰結としてエスノセントリズムのような排他性・暴力とさえ関連し得ることが知られる（Johnson et al., 2009）。それにもかかわらず，PTGが「成長した人間としての理想の姿」であるように目的化され（Calhoun & TedeschiはPTGの誘導には消極的な立場をとっているが，他方で介入研究も進んでいる），それに沿わぬ変容が不可視化・周縁化されていくとすれば，それは転倒としかいいようがない。

　そしてその背景に，近年社会学や心理学領域より批判のある，（危機対処を非政治化し，社会構造的変化ではなく個人に適応と変化の責任を迫る）新自由主義的規律とレジリエンスに基づく介入の共謀関係（Bottrell, 2009；Harrison, 2013；Aranda & Hart, 2015；平井，2016）を想像するのは難しいことではない。多くの研究者にみられる，レジリエンスとPTGを無批判に同一視する傾向（Westphal & Bonanno, 2007）や，「レジリエンスを高めれば，回復どころか，外傷体験を機にさらに成熟した人格への成長を成し遂げることさえできる」という物語とそれに基づく介入は，この時代的要請の延長線上にある。

　本来危機とは，革命の契機でもある。しかし個人的変容を生み出す様式が，このように既存のより大きな価値の様式にとりこまれてしまうとき，サバイバーたちの持つ創造と革新の力は，最小限に止められてしまうだろう。

VI　おわりにかえて

　「回復像」や変容のヴィジョンは，情報の真空地帯からは生まれない。自分の周囲の言説空間における語彙やプロット，象徴体系，そうしたもののブリコラージュにより，人々の変容の物語は形作られていく。

薬物使用経験のある女性たちの語りの聞き取りでは，たとえば，10年も前に当事者によるミーティングで仲間が言っていた（当時は何を話しているのか全く理解ができなかったという）言葉や，支援者たちの言葉，あるいは折に触れて読んできた当事者研究の書籍などの情報が，何年も経ってから急に意味を成し，自分に起きたこと（外傷経験）や，何よりも自分というものを初めて理解できるようになった，と教えてくれた女性もあった。

このような，人生や苦難の意味の探求，定義と再定義，新しい語彙とプロットの提供という，従来であれば宗教や儀式，そして社会運動や当事者活動などが担ってきた領域に，PTG研究とそれに基づく介入が加わるとき，そのような言説空間が，われわれをどのような変容へと導くのかを，よく見極め，注視していく必要がある。

一方，PTG研究は一枚岩では全くない。そして，研究の数はまだまだ少ない。複雑性PTSD関連のPTG研究は，特にその数が限られている。本論では，筆者の問題意識に引きつけて数少ない資料から文献展望と考察を行なったが，今後，ある程度一貫性のある実証的データが出揃うまで，実際にはかなりの時間を要するであろう。

それらの研究が，（その意義は重々承知しつつも）PTGが結局は症状消失や既存の体制への適応に結びつくのかのみを問う，乾いた内容に終始するのではないことを願う。症状の消失や緩和を考えるならば，近年のめまぐるしいトラウマ関連精神療法の発達により，すでに実現可能となりつつもある。しかし，“回復者”たち，苦境からの変容を遂げた人々のみがもつ，あの少しだけいびつな美しさ，やさしさ，もろさ，尊厳といったものを祝福すること，そしてその豊かさを損なわずに描き出す方法を探求することは，PTG研究にしかできない。それは特権であり，役目でもあろう。

語り直しに向けて，常に開かれているサバイバーたちの変容の物語に，われわれはいったい何を付け加えることができるのか。とくに，研究者として，あるいは支援者や語りの聞き手として，他者の物語に深くコミットし得る者は，自身の拠って立つその立場の物語の性質について，常に再検討を繰り返し，「成長」を重ねていく責務があるように思う。

▶ 文献

Antonovsky A (1987) Unraveling the Mystery of Health : How People Manage Stress and Stay Well. San Francisco, CA : Jossey-Bass.

Aranda K & Hart A (2015) Resilient moves : Tinkering with practice theory to generate new ways of thinking about using resilience. Sage Journals. doi.org/10.1177/1363459314554318.

Baker JM, Kelly C, Calhoun LG et al. (2008) An examination of posttraumatic growth and posttraumatic depreciation : Two exploratory studies. Journal of Loss and Trauma 13 ; 450-465.

Bottrell A (2009) Understanding 'marginal' perspectives : Towards a social theory of resilience. Sage Journals. doi.org/10.1177/1473325009337840.

Calhoun LG & Tedeschi RG (2006) The foundations of posttraumatic growth : An expanded framework. In : LG Calhoun & RG Tedeschi (Eds.) : Handbook of Posttraumatic Growth : Research and Practice. Mahwah, NJ : Lawrence Erlbaum Associates Publishers, pp.3-23.

Carboon I, Anderson V A, Pollard A et al. (2005) Posttraumatic growth following a cancer diagnosis : Do world assumptions contribute?. Traumatology 11-4 ; 269-283.

Dagan Y & Yager J (2019) Posttraumatic growth in complex PTSD. Psychological Inquiry 15-1 ; 30-34.

Draucker CB, Murphy SA & Artinian BM (1992) Construing benefit from a negative experience of Incest. Western Journal of Nursing Research 14-3 ; 343-353 ; Discussion 353-357.

Felitti VJ, Anda RF, Nordenberg D et al. (1998) Relationship of childhood abuse and household dysfunction to many of the leading causes of death in adults : The Adverse Childhood Experiences (ACE) study. American Journal of Preventive Medicine 14-4 ; 245-258.

Finkelhor D, Ormrod RK & Turner HA (2007) Poly-victimization : A neglected component in child victimization. Child Abuse & Neglect 31 ; 7-26.

Grasso D, Greene C & Ford JD (2013) Cumulative trauma in childhood. In : JD Ford & CA Courtois

(Eds.) Treating Complex Traumatic Stress Disorders in Children and Adolescent : An Evidence-Based Guide. New York : Guilford.

Haroosh E & Freedman S (2017) Posttraumatic growth and recovery from addiction. European Journal of Psychotraumatology 8-1. doi.org/10.1080/20008198.2017.1369832.

Harrison E (2012) Bouncing back? : Recession, resilience and everyday lives. Critical Social Policy 33-1 ; 97-113.

Herman JL (1992) Trauma and Recovery. New York : Basic Books.

平井秀幸 (2016) ポスト・リスクモデルの犯罪者処遇へ？──新自由主義・レジリエンス・責任化. 犯罪社会学研究 41 ; 26-46.

Johnson RJ, Canetti D, Palmieri PA et al. (2009) A prospective study of risk and resilience factors associated with posttraumatic stress symptoms and depression symptoms among Jews and Arabs exposed to repeated acts of terrorism in Israel. Psychological Trauma : Theory, Research, Practice, and Policy 1 ; 291-311.

Joseph (2011) What Doesn't Kill Us : The New Psychology of Posttraumatic Growth. New York : Basic Books.

Kaye-Tzadok A & Davidson-Arad B (2016) Posttraumatic growth among women survivors of childhood sexual abuse : Its relation to cognitive strategies, posttraumatic symptoms, and resilience. Psychological Trauma 8-5 ; 550-558.

Levine SZ, Laufer A, Hamama-Raz Y et al. (2008) Posttraumatic growth in adolescence : Examining its components and relationship with PTSD. Journal of Traumatic Stress 21 ; 492-496.

Lev-Wiesel R, Amir M & Besser A (2004) Posttraumatic growth among female survivors of childhood sexual abuse in relation to the perpetrator identity. Journal of Loss and Trauma 10-1 ; 7-17.

McMillen C, Zuravin S & Rideout G (1995) Perceived benefit from child sexual abuse. Journal of Consulting and Clinical Psychology 63-6 ; 1037-1043.

Morris BA, Shakespeare-Finch J, Rieck M et al. (2005) Multidimensional nature of posttraumatic growth in an Australian population. Journal of Traumatic Stress 18-5 ; 575-585.

小塩真司 (2016) パーソナリティ研究から見た「成長」. In：宅香菜子 編著：PTG の可能性と課題. 金子書房, pp.117-130.

Seligman MEP & Csikszentmihaly M (2000) Positive psychology : An introduction. American Psychologist 55-1 ; 5-14.

Shakespeare-Finch J & Armstrong D (2010) Trauma type and posttrauma outcomes : Differences between survivors of motor vehicle accidents, sexual assault, and bereavement. Journal of Loss and Trauma International Perspectives on Stress & Coping 15-2 ; 69-82.

Shakespeare-Finch J & de Dassel T (2009) Exploring posttraumatic outcomes as a function of childhood sexual abuse. Journal of Child Sexual Abuse 18-6 ; 623-640.

Shakespeare-Finch J, Gow K & Smith S (2005) Personality, coping and posttraumatic growth in emergency ambulance personnel. Traumatology 11-4 ; 325-334.

Shakespeare-Finch JE, Smith SG, Gow KM et al. (2003) The prevalence of post-traumatic growth in emergency ambulance personnel. Traumatology 9-1 ; 58-70.

Shakespeare-Finch J & Lurie-Beck J (2014) A meta-analytic clarification of the relationship between posttraumatic growth and symptoms of posttraumatic distress disorder. Journal of Anxiety Disorders 28-2 ; 223-229.

Taku K (2013) Posttraumatic growth in American and Japanese men : Comparing levels of growth and perceptions of indicators of growth. Psychology of Men and Masculinity 14-4 ; 423-432.

宅香菜子 (2016) PTG──その可能性と今後の課題. In：宅香菜子 編著：PTG の可能性と課題. 金子書房, pp.196-212.

Tedeschi RG (2011) Posttraumatic growth in combat veterans. Journal of Clinical Psychology Medical Settings 18 ; 137-144.

Tedeschi RG & Calhoun LG (1996) The posttraumatic growth inventory : Measuring the positive legacy of trauma. Journal of Traumatic Stress 9-3 ; 455-471.

Tedeschi RG & Calhoun LG (2004) Target article : "Posttraumatic growth : Conceptual foundations and empirical evidence". Psychological Inquiry 15-1 ; 1-18.

Westphal M & Bonanno GA (2007) Posttraumatic growth and resilience to trauma : Different sides of the same coin or different coins? Applied Psychology : An International Review 56 ; 417-427.

World Health Organization (2018) International statisyical classification of diseases and related health poblems (11th revision). Retrieved from https://icd.who.int/browse11/l-m/en

Wright M, Crawford E & Sebastian K (2007) Positive resolution of childhood sexual abuse experiences : The role of coping, benefit-finding and meaning-making. Journal of Family Violence 22-7 ; 597-608.

Zhou X & Wu X (2016) The relationship between rumination, posttraumatic stress disorder, and posttraumatic growth among Chinese adolescents after earthquake : A longitudinal study. Journal of Affective Disorders Volume 193 ; 242-248.

[特集] 人はみな傷ついている──トラウマケア

トラウマ・インフォームド・ケア

傷を理解して接する

大江美佐里 Misari Oe

久留米大学医学部神経精神医学講座

I TIC とは

トラウマ・インフォームド・ケア（Trauma Informed Care：以下，TIC）は意訳すると「トラウマに関する情報をもとにしたケア」ということになる。近接表現として，trauma sensitive care（トラウマを意識したケア），trauma informed services などがある。今回の特集ではトラウマケアについて幅広く論じられているが，TIC を扱う本稿は，トラウマに焦点化した専門的介入についてではなく，すべての支援者がトラウマ（心的外傷）に関する基本的な知識を備えたうえでのケアについて，特に本邦での実践を中心に論じる。狭義には，TIC は米国 SAMHSA（Substance Abuse and Mental Health Services Administration：薬物乱用精神保健管理局）の示す概念とすることもできるが，本稿ではむしろ広義である，「トラウマを意識したトラウマに焦点化しないケア」のあり方を考えたい（以下，TIC と称しているのはすべて広義のものである）。狭義の定義や歴史，米国での実践については亀岡ほか（2018）の総説，あるいは SAMHSA のテキスト（Substance Abuse and Mental Health Services Administration, 2014）を参照いただきたい。

II トラウマ焦点化治療でなくても 治療・ケアが可能であるということ

トラウマ関連疾患の治療については，従来より，トラウマ焦点化の専門的治療が最もエビデンスが高い心理療法として推奨されている。現在もその考えは誤りではないが，特定の心理療法を単独で施行できるようになるまでに長い年月と労力が必要であることから，トラウマ診療を専門的に行える機関や専門職は「学んでいる人々」に比して少ない印象がある。教育システムや普及に力を入れることで専門家を増やすのもひとつの考え方だが，「トラウマへの抵抗感を低くする」取り組みを行い，少なくともトラウマが関連していそうな事例（これはアタッチメントに問題がある事例といってもよいし発達の問題とトラウマの問題が混ざり合った事例といってもよい）では即専門機関へ紹介，という流れを止めたい，というのが筆者の願いである。

折しも国際トラウマティック・ストレス学会が新たに発表した PTSD 治療ガイドライン（http://www.istss.org/treating-trauma/new-istss-prevention-and-treatment-guidelines.aspx）では，トラウマに焦点化しない認知行動療法や，（過去

ではなく）現在のストレッサーに焦点を当て問題
解決を行うことを中心とした現在中心療法といっ
た，トラウマに焦点化しない治療法が標準推奨さ
れることになった。これは，治療効果だけでなく，
脱落の少なさや治療者の実施しやすさなども考慮
されるようになった近年の流れを反映したもので
ある。TIC はそもそも専門的な介入とは異なる
レベルでのケアであるとされるが，知っておくべ
き知識の量や質を鑑みると，TIC とこのガイド
ラインで示された治療法は断絶したものではな
く，連続したものとしてとらえることができそう
である。むしろ，専門的治療と TIC の違いを考
えるとき，ケアをする側の知識の量や質はどの層
に向けても同じであるが，対象者が異なるという
考え方もあるかもしれない（図）。そうだとすれば，
重要であるのは伝える内容もさることながら，「伝
え方」なのかもしれない。

Ⅲ　TIC を知ることで何が変わるのか

　大岡・岩切（2019）は，TIC を知る以前に
は当事者の訴えに対して "What's wrong with
you?"（何か問題ですか？　どうしたの？）と問
題・欠陥を問いかけがちな支援者の姿勢が，"What
happened to you?"（あなたに何が起こったの？）
と「起きたことを尋ねる」姿勢に変わることを
TIC の重要な視点の変化であるとしている。心
的外傷的出来事が生じた際に「異常な出来事に対
する正常な反応」という表現で急性期の反応を示
すことがあるが，この視点の変化に通じるものが
あると感じられる。すなわち，「人」に問題があ
るという見方から「生じた事態」に問題があると
いう見方へのパラダイムシフトである。自分が異
常なのではなく，起きた出来事が異常なのだ，と
いう認識に変わることである。

Ⅳ　TIC を提供するために必要な知識

　では，TIC を提供するにはどのような知識が
必要なのだろうか。心的外傷といえば PTSD が
代表的な疾患として挙げられるが，TIC の場合

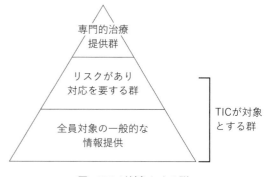

図　TIC が対象とする群

には PTSD の定義などを細かく見ていくよりは，
心理面・行動面の変化について具体的な知識を得
るのがよいだろう。TIC はトラウマという名称
を用いているが，厳密な意味での心的外傷だけを
考えるよりも，幅広くストレッサーとして心理的
ストレスについて学ぶほうが有益であるとも考え
られる。ただし，加害 − 被害の軸を殊更に強調し
すぎると，被害側であれば度を超えた反応が許容
される，という感覚が強化されてしまうことから，
この点には注意が必要である。

　トラウマによる心理的影響について知るだけで
はなく，そこからの回復について（回復しうると
いうこと）も知っておく必要がある。この点につ
いては，専門的に治療に関わったことがない者に
「回復」を実感してもらうことは容易ではない。
そこで，後述の心理教育テキストなどを用いた
メッセージ発信が重要な役割をもつことになる。

　米国での一致した見解として，TIC の原則は，
①トラウマへの気づき，②安全（身体的・情緒的），
③ストレングス（強み）を基盤にすること，とい
う 3 点とされる（大岡・岩切，2019）。このうち
①③は上述の通りだが，②の安全については最重
要課題として考えるべき事項である。例えば児童
福祉法第 25 条の規定に児童虐待を受けたと思わ
れる児童を発見した場合，全ての国民に通告する
義務があることを知っているのは当然であり，虐
待に曝されている状況下を放置したままで対応を
考えるのではなく，現時点で虐待のない状況にす

るために尽力することが適切な対応であることを
理解する必要がある（安全を優先するべきという
意味で論じているのであり，何も検討せずにただ
通告すればよいというものではないことも指摘し
ておく）。

　本邦での学校現場を対象に TIC について取
り扱ったパンフレット「問題行動の背景をトラ
ウマの視点から考えてみよう」が公開されてい
る。TIC をもとにした情報提供の一例として参
照いただきたい（https://www.jst.go.jp/ristex/
pp/information/uploads/20180500_ooka_TIC_
A3.pdf）。このパンフレットで書かれている項目
名を表に挙げる。

　ところで，支援者の二次受傷・代理受傷につい
ては TIC のなかでも大いに取り扱われる事項で
あり，この項目のみを取り扱うプログラムがあっ
てもよいとさえ筆者は考えている。代理受傷につ
いては本特集の別論文で取り扱われていることか
ら多くは触れないが，トラウマ臨床に長期に取り
組むことができるカギは「良い意味で敏感すぎな
いこと」「回復を体験すること」「仲間を持つこと」
の３つではないかと考えている。孤独で，感覚が
鋭敏すぎ，当事者の回復を見守ったことのない支
援者がいたら，支援者支援を要する状態であると
いえよう（そのように考えると，TIC は支援者
支援ツールとしての役割も大きいことになる）。

Ⅴ　TIC としての心理教育

　心理教育は通常治療を求めてきた当事者に対し
て用いることから，TIC の対象者とは言えない
と考える方もいるかもしれないが，トラウマ焦点
化治療を提供しないレベルの診療は TIC の対象
であると考えれば，心理教育も十分に TIC であ
ると考えられる。筆者ら久留米大学のグループで
は，長きにわたりトラウマ関連疾患について，心
理教育テキストを用いた介入を行ってきた（一部
は以下の久留米大学医学部神経精神医学講座ホー
ムページよりダウンロード可能（http://www.
neuropsy-kurume.jp/intro/scholarly.html}))（大

表　TIC で示す情報の例（学校現場向け）

1.　トラウマと学校における子どもの行動
2.　子どものトラウマとその影響
3.　トラウマへのアプローチの方法
4.　トラウマのケアの基本 　　——学校全体を安心で安全な場所に！
5.　先生のセルフケア
6.　トラウマ・インフォームド・ケアについて

江，2014；大江・内村，2014）。前節で加害−被
害の軸を強調しすぎることの弊害について述べた
が，『緊急事態から「脳・こころ・身体」が回復
するしくみ』と題したテキスト（大江，2014）の
なかで，こうした反応について「こころの反応と
しての怒り」という一項を設けて詳しく論じ，怒
りの際限のない噴出を抑えることについて指摘し
た。こうした感情コントロールの重要性はトラウ
マ焦点化治療に限らず，トラウマ臨床に関わる全
ての支援者に知ってもらいたい事項である。さら
に最近は，現在中心療法に近い形の介入である
WHO が開発した Problem Management Plus と
いう逆境地域住民対象の治療法（WHO, 2018）を
簡略にまとめた心理教育テキスト「認知行動療法
やわらかこころプログラム」も作成し実施してい
る（上記サイトにてダウンロード可能である）。

　ところで，筆者は久留米大学病院カウンセリン
グセンター長として多くの心理職と一緒に働いて
いるが，幅広い患者層を対象としている関係上，
カウンセリングセンターとして「トラウマ専門」
とはうたっていない。トラウマ焦点化治療を行え
る者も少数であり，勤務する者の志向する心理療
法の種類や得意とする対象疾患・領域についても
特に制限は設けていない。また，久留米大学病院
の医師として後輩の指導にもあたっているが，初
期研修医や専攻医（専門医を目指す精神科医師），
同僚精神科医の多くがトラウマ臨床を専門とはし
ていない。筆者のような環境は日常臨床としてご
く一般的な状況であると考えられ，そのようなな
かでどのように最低限必要な知識を得てもらうか
という問題を常に抱えている。外来で心理教育を

受けた当事者の方が支援者よりも正確な知識を持っていることもよくある。そのような場合においては，心理教育テキストを用いることが特に有用であり，当事者と支援者がほぼ同等の立場でテキストに記載されている内容について受け止めたうえで，個別の事案について対話することができる（この点の議論の詳細は石田ほか（2018）の論考を参照いただきたい）。

VI　バランス良く考えるための TIC

ここまで TIC がもたらすものについて，本邦での実践を中心に紹介した。だが，そもそも「心の傷」というものに着目することについて否定的な考えを持つ専門職も多い。これについて，筆者はやや逆説的な自説を持っている。それは，「トラウマに光を当てることは，トラウマ以外にも光を当てることになる」というものである。トラウマを強調することにより，他の精神科疾患診断では通常検討される複合的背景要因がなおざりになることについて配慮する必要はあるものの，そもそもの混沌とした状況のままでは物事が整理されない。まずトラウマに焦点を当てつつ，「それ以外の事柄も複雑にからみあっている可能性がある」と考えることは臨床上非常に有用である。本稿が TIC について考える契機となれば幸いである。

▶ 謝辞

　本稿執筆にあたり助言を頂いた武庫川女子大学心理・社会福祉学科大岡由佳先生に感謝申し上げます。本稿は，JSPS 科研費 19H01767 および JST RISTEX, JPMJRX17G6 の助成のもと作成されました。

▶ 文献

石田哲也，大江美佐里，長沼清，小林雄大，内村直尚（2018）神経症圏患者への短期心理教育面接の心理療法としての意味づけ．九州神経精神医学 64；63-70.

亀岡智美，瀧野揚三，野坂祐子，岩切昌宏，中村有吾，加藤寛（2018）トラウマインフォームドケア—その歴史的展望．精神神経学雑誌 120；173-185.

大江美佐里（2014）posttraumatic anger—理論的背景と臨床的意義．トラウマティック・ストレス 12；53-60.

大江美佐里，内村直尚（2014）心的外傷後ストレス障害の悪夢に対するイメージを利用した治療—展望と今後の課題．九州神経精神医学 60；92-96.

大岡由佳，岩切昌宏（2019）精神障害者とトラウマに関する一考察—トラウマインフォームドケア（TIC）の視点から．学校危機とメンタルケア 11；15-31.

Substance Abuse and Mental Health Services Administration（2014）SAMHSA's Concept of Trauma and Guidance for a Trauma-Informed Approach. HHS Publication No.(SMA)14-4884. Rockville, MD : Substance Abuse and Mental Health Services Administration.（大阪教育大学学校危機メンタルサポートセンター・兵庫県こころのケアセンター　訳（2018）SAMHSA のトラウマ概念とトラウマインフォームドアプローチのための手引き（http://www.j-hits.org/child/pdf/5samhsa.pdf ［2019 年 11 月 8 日閲覧］））

World Health Organization（2018）Problem Management Plus（PM+）Individual psychological hclp for adults impaired by distress in communities exposed to adversity. Geneva : WHO.

[特集] 人はみな傷ついている──トラウマケア

トラウマフォーカスト・アプローチ

傷に相対する

亀岡智美 Satomi Kameoka

兵庫県こころのケアセンター

I　はじめに

　私たちの人生に外傷はつきものである。たいていの人は，成人するまでの間に大なり小なり，何らかの身体外傷を経験する。それと同様に，心的外傷（トラウマ）となる出来事を体験することも，ありふれたことである。米国のある地域で，16歳までの子どものトラウマ体験率を調査したところ，7割弱の子どもが何らかのトラウマを体験していたことが報告されている（Copeland et al., 2007）。一方，わが国の成人（20歳以上）のトラウマティックイベント（トラウマとなる可能性のある出来事）の生涯経験率は7.8 ～ 44.4％である（川上，2010）。

　トラウマとなりうる出来事にはさまざまなものがあるが，その出来事を体験したとしても，傷の程度がそれほどひどくなければ，自力で回復できる場合も少なくない。ある人は，トラウマにしっかりと覆いをして心の奥底に封じ込めることに成功するかもしれない。時間経過とともに，自然に回復していくトラウマもあるだろう。痛みに耐えながら，トラウマとなんとか折り合いをつけようとする人もいるだろう。

　しかし，トラウマが大きく傷が深い場合は，自然回復が困難となる。あるいは，その人の本来の回復力が何かの理由で脆弱な状態であったり，周囲からのサポートを得ることが困難な状態にあったりすると，トラウマの自然回復が阻害される場合もある。PTSD（Posttraumatic Stress Disorder：心的外傷後ストレス障害）もそのひとつである。PTSDとは，強烈なショックや強いストレスを伴うような出来事を体験した後，その時の恐怖がいつまでも消えず，さまざまな症状が出現する病態である。わが国の成人におけるPTSDの生涯有病率は1.27％（男性0.48％，女性1.97％）であるとされている（川上，2010）。また，トラウマとなる出来事によって，PTSDの発症率が異なることも報告されている。一般的に，自然災害（生涯有病率＝男3.7％，女5.4％）よりも，対人間暴力や性暴力（男1.8 ～ 65％，女21.3 ～ 45.9％），子ども期の身体的虐待やネグレクト（男22.3 ～ 23.9％，女19.7 ～ 48.5％）などを体験するとPTSD発症率が高くなることが知られている（Kessler et al., 1995）。

II　トラウマに相対する認知行動療法

　身体外傷の場合でも，あまりに大きくて深い傷を負った場合，あるいは，傷の治りが悪くて複雑

化した場合には，自分で傷を見ることさえ，また触れることさえ苦痛になるだろう。トラウマの場合も同様である。傷に触れないように回避したり，傷の痛みを麻痺させて感じなくしたり，ということがしばしば起きる。このような回避や麻痺は，トラウマからの回復を遅らせる一因となることが指摘されている。たとえば，車の運転中に交通事故に遭遇した人は，また事故に遭うかもしれないと怖くなり，次に運転するのを躊躇するかもしれない。しかし，大部分のケースでは，こわごわ運転してみる。そして，事故は起こらないということが確認される。これを繰り返すことで，徐々に馴化が生じ，再びそれほど恐怖を感じずに運転することができるようになる。すなわち，意図せずに傷（恐怖）と向き合うことで，現在の程よい安全が確認され，自然に回復に向かうのである。

　しかし，PTSD を発症するほどひどいトラウマを体験した場合には，自分の力だけでこの作業を遂行することが難しいことがある。このような場合に，安全な治療の枠組みと有効な治療法の助けが必要になるのである。米国心理学会（American Psychological Association, 2017）が発表した最新の「PTSD 治療のための診療ガイドライン」では，成人への PTSD 治療のうち，効果が実証されているとして最も強く推奨される治療プログラムは，PE 療法（Prolonged Exposure Therapy：長時間曝露療法），CPT（Cognitive Processing Therapy：認知処理療法），EMDR（Eye Movement Desensitization and Reprocessing：眼球運動による脱感作と再処理法），CBT（Cognitive Behavioral Therapy：認知行動療法）の４つである。一方，子どもの PTSD への心理治療については，米国児童青年精神医学会（American Academy of Child & Adolescent Psychiatry）が発行したガイドライン（Cohen et al., 2010）などにおいて，TF-CBT（Trauma-Focused Cognitive Behavioral Therapy：トラウマフォーカスト認知行動療法）が第一選択治療として推奨されている。

　これらの治療法のなかから，本稿では，筆者がペンシルバニア大学の不安治療研究センター（Center for the Treatment and Study of Anxiety）の認定 PE セラピスト，およびスーパーバイザーとして実施した PE 療法の１例と，TF-CBT の開発者から認定された地域限定トレーナーとして実施した TF-CBT の１例を紹介し，トラウマを体験した成人や子どもが，どのように傷に向き合っていくのかを考えたい。なお，それぞれの症例本人から（B は保護者からも）同意を得て紹介しているが，個人情報が特定されないよう細部に変更を加えている。

III　治療の実際

［症例 1］30 代女性 A ／強制性交被害

　生育歴と被害歴：A の母親は未婚のまま A を出産したため，A は父親の顔を知らずに育った。A が小学生のときに突然母親が出奔したため，A は親族の家を転々として育った。どの家でも適切なケアを受けられず，A は薄汚れた洋服で登校し，クラスメイトのからかいの対象となっていた。それでも，親身になってくれる教師などに助けられ，苦学して定時制高校を卒業し，働きながら一人暮らしができるようになった。まもなく，職場で知り合った男性との間に娘を授かったが，相手の男性が働かなくなったために同居を解消し，A は一人で娘を育てていた。職場ではまじめな態度が認められ，何人かの部下を指導する立場となっていた。そんなある日，職場の帰り道，繁華街の裏道を歩いていたときに，急に後ろから羽交い絞めにされ，そのまま近くのラブホテルに連れ込まれた。本人はトイレに逃げ込んだりして抵抗したが，結局トイレから引きずり出され，強制性交被害に遭った。またその経過中に首を絞められるなど命の危険にも曝された。その後，後述するような諸症状が出現したため医療機関を受診し，PTSD と診断された。

　子ども期のトラウマとなる出来事：幼少期から学齢期にかけて慢性反復性の身体的・心理的・性的虐待とネグレクトを受けた。

表1　PE療法の進行

セッション1	プログラムの目的と技法の説明，トラウマ面接，呼吸法の指導
セッション2	PTSDの心理教育，実生活内曝露の原理説明，不安階層表作成と練習課題
セッション3	イメージ曝露の原理説明と実施，プロセシング，実生活内曝露の実施
セッション4〜10	イメージ曝露（ホットスポットへの焦点化），実生活内曝露の継続
セッション11	イメージ曝露（全体のおさらい），進歩の振り返りと今後に向けて

PTSD症状：強制性交場面の記憶が自分の意思とは関係なく想起され，被害時と同様の恐怖を感じたり吐きそうになったりする（侵入症状）。強制性交被害の後，人ごみや男性が怖くて外出できなくなり，首を絞められた場面の記憶が想起されるため，冬の寒い時期でもスカーフや襟巻きなどを首に巻くことができなかった（回避症状）。事件については，裏道を歩いていた自分の落ち度であるという思い込みが強くあった。また，幼少期から誰にも愛されなかった自分は被害に遭っても仕方がないという考えが強く，人数は少なかったが交流していた友人とも疎遠になり，娘に対しても愛情を感じられなくなった（認知や気分の陰性変化）。集中力は低下し，重度の睡眠障害が認められ，外出先のトイレを使用することができず，自宅でも扉を開けておかないと用を足せなかった（覚醒度と反応性の著しい変化）。

治療の方針：Aは幼少期から慢性反復性に何種類もの複雑性トラウマを体験していたが，今回認められたPTSD症状は直近の強制性交被害によるものであると思われた。Aは，つらい症状を改善したいと思い受診したのだが，同時に強制性交場面に向き合うことには強い抵抗を示していた。しかし，話し合いを重ねるに従って，以前のように娘に愛情を注いで育てたい，少なくとも事件以前の社会的な機能を少しでも取り戻したいという意欲が芽生え，最終的にはPE療法を受けることになった。

PE療法：表1に示すように，定型通りにPE療法（飛鳥井，2015）が提供された。当初は，イメージ曝露や実生活内曝露によって被害体験の記憶に向き合うことは，Aにとって著しく困難な作業で

あった。その場面を想起しようとしても，雲のなかにいるような感じで，ぼんやりと被害に遭っている自分を上から見下ろしているだけだった。しかし，力を振り絞って向き合い続けるうちに，Aは被害当時に解離状態で自分の体が思うようにならない状態でも，最後まで何とか抵抗しようとする意思を失わず，娘の元に生きて帰りたいという強い思いを抱き続けていたことに思い至った。そして，プログラムの終盤には，強制性交行為の責任は加害者にあり，自分には何の落ち度もなかったことがはっきりと認識された。さらに，暴力を伴う強制性交行為は一時的にAの身体とこころを傷つけたが，娘とともに自立して生きていきたいというAの思いは，加害者の卑劣な行為をもってしても打ち砕かれることはなかったという新たな認知に到達することができた。それとともに，PTSDの諸症状は軽減していった。

[症例2] 14歳女子B／強制性交被害

生育歴と被害歴：Bは両親と弟の4人暮らしであり，幼少期から発達面で特に心配されることはなかった。両親は共働きであるが，Bと弟をかわいがって懸命に育てていた。ある日の放課後，塾に通っていたBは，塾の講師から2階に来るように言われた。無人の2階のトイレに連れ込まれ，施錠されたうえで「大声を出すとひどい目に遭う」と脅され，身体を触られる・キスをされるなどのわいせつ行為を受けた後，口淫された。Bは恐怖と混乱のなかで，頭が真っ白になったが，「そろそろお母さんが迎えに来る頃だ」ととっさに嘘をつき，やっと解放された。解放された後も加害者である塾講師が追いかけてくるのではないかと，

表2 TF-CBT の治療構成要素「PRACTICE」（Cohen et al., 2017）

P sychoeducation about child trauma and trauma reminders	子どものトラウマとトラウマリマインダーについての心理教育
P arenting skills	ペアレンティングスキルを含む養育に関する要素
R elaxation skills	子どもと養育者それぞれへのリラクセーションスキル
A ffective expression and modulation skills	子ども・家族に合わせた感情調整のスキル
C ognitive coping : connecting thoughts, feelings and behaviors	認知コーピング：考え・感情・行動のつながり
T rauma narration and processing	トラウマ・ナレーションとプロセシング
I n vivo mastery of trauma reminders	実生活内での段階的曝露
C onjoint child-parent sessions	親子合同セッション
E nhancing future safety and development	将来の安全と発達の強化

恐怖で気が動転しながらも，やっとのことで自宅にたどり着いた。その後，いつもと様子が違うことを心配する母に一切を開示したところ，両親は即座に警察に被害届を出した。裁判が終了し，加害者は実刑判決を受けたが，後述のようにBの生活に回復が認められなかったため，医療機関を受診しPTSDと診断された。

　トラウマとなる出来事：先行するトラウマはなく，本事件が初めてにして唯一の被害体験である。

　PTSD症状：性暴力場面の記憶が自分の意思とは関係なく想起され，被害時と同様の恐怖を感じ，実際に嘔吐したりする。また頻繁に被害内容の鮮明な悪夢を見る（侵入症状）。塾の近くを通らないと登校できないため，不登校状態になり，ほとんど一日中自室に閉じこもりがちとなった（回避症状）。以前は仲が良かった弟に対して，イライラしやすくすぐに怒鳴ったり物を投げたりするようになった（覚醒と反応性の著しい変化）。また，以前は好きだった音楽にも興味を示さなくなり，「私なんか死んだほうがましだ」という言葉を繰り返し口にするようになり，強い恥の感情が認められた（気分や認知の陰性変化）。

　治療の方針：両親には，Bの人生を元通りに戻したいという強い不安焦燥感が認められたが，B本人は「事件のことを聞かれたくない」など回避が目立った。しかし，トラウマに関する一般的な心理教育を続けるうちに，治療意欲が高まり，TF-CBTを実施することになった。

　TF-CBT：表2に示すように，TF-CBT（亀岡，

2019）の定型通りにP（心理教育，ペアレンティングスキル），R（リラクセーションスキル），A（感情表出と調整），C（認知コーピング）の要素に取り組んだ。プログラムが進行し，中核的要素であるT（トラウマナレーション）に差し掛かったところで，Bの症状が一時的に悪化し，通院を渋るようになった。しかし，両親のサポートで何とか通院を続けることができ，Bは少しずつ性暴力被害場面を語りはじめた。当初は，「先生の言うまま2階についていった自分が悪い」「自分が逃げなかったから被害に遭った」などと自責的認知が優勢であったが，詳細な被害の記憶に向き合うなかで，Bは今まで体験したことがないような異常な状況を一人で耐え抜いたこと，頭が真っ白になりながらも，何とか逃げ出せるようにとっさに「お母さんが迎えに来る」と加害者をだますことで，脱出に成功したことなどに思い至った。そして，性暴力被害に遭ったダメな自分ではなく，性暴力被害を生き抜いた勇気ある自分を見出すことに成功したのである。このプロセスを経ることで，BのPTSD症状は徐々に消退していった。

IV　おわりに ――傷に相対することと治療者の役割

　症例1・2に見られるように，トラウマ記憶に向き合い，トラウマによる非機能的認知を修正することによって，PTSDから回復していくことが多い。その際の治療者の役割は，クライエントが安心してトラウマに相対することができるよう

に，安全な治療環境を提供し，そしてクライエントが迷子にならないように，効果が実証された方法で適切に先導することである。これらの作業が順調に進むためには，強固な治療関係が必要なことは言うまでもない。

▶文献

American Psychological Association (2017) Clinical Practice Guideline for the Treatment of PTSD. (https://www.apa.org/ptsd-guideline/ptsd.pdf [2019 年 11 月 8 日閲覧])

飛鳥井望 (2015) PTSD のための PE 療法．精神神経学雑誌 117；457-464.

Cohen JA et al. (2010) Practice parameter for the assessment and treatment of children and adolescents with posttraumatic stress disorder. Journal of American Academy of Child Adolescent Psychiatry 49；414-430.

Cohen JA, Mannarino AP & Deblinger E (2017) Treating Trauma and Traumatic Grief in Children and Adolescents. 2nd Edition. New York：Guilford Press.

Copeland WE, Keeler G, Angold A & Costello EJ (2007) Traumatic events and posttraumatic stress in childhood. Archives Of General Psychiatry 64-5；577-584. doi:10.1001/archpsyc.64.5.577.

亀岡智美 (2019) トラウマフォーカスト認知行動療法 (TF-CBT)．トラウマティック・ストレス 17；45-53.

川上憲人 (2010) トラウマティックイベントと心的外傷後ストレス生涯のリスク：閾値下 PTSD の頻度とイベントとの関連．大規模災害や犯罪被害などによる精神科疾患の実態把握と介入方法の開発に関する研究．平成 21 年度厚生労働科学研究費補助金（こころの健康科学研究事業）分担研究報告書, pp.17-25.

Kessler RC, Sonnega A, Bromet E, Hughes M & Nelson CB (1995) Posttraumatic stress disorder in the national comorbidity survey. Archives of General Psychiatry 52-12；1048-1060. doi:10.1001/archpsyc.1995.03950240066012.

告知 …… 第 20 回日本臨床リハビリテーション心理研究会

テーマ：疲れた「こころ」の癒し方

日時：2020 年 2 月 16 日（日）9：30 ・ 16：00（受付 9：15 〜）

会場：済生会東神奈川リハビリテーション病院（JR 東神奈川駅・東急東横線東白楽駅・京浜急行線仲木戸駅より徒歩）(http://higashikanagawa.saiseikai.or.jp/access/)

プログラム：○午前の部：基調講演「医療・介護の現場で頑張っているあなたへ」渡辺俊之（渡辺医院・精神科医）／シンポジウム「私のストレス──現場からの報告」シンポジスト（看護職・心理職・リハ職）からの提言
○午後の部：演習「癒しにつながる「ナーシングケアマッサージ」について」／事例検討：テーマに関連した事例検討

参加費：医師・歯科医師 6,000 円／その他 3,000 円

申込み・問い合わせ：rehabilipsychology@gmail.com（お名前，ご所属，職種，E-mail アドレスをご記載ください）
2020 年 2 月 15 日（土）事前申込み締切（申込みなしでの当日参加も可能）

詳細：https://rehabilipsychology.jimdo.com/

主催：日本臨床リハビリテーション心理研究会

[特集] 人はみな傷ついている──トラウマケア

ナラティヴ・エクスポージャー・セラピー

傷を語る

森 茂起 Shigeyuki Mori

甲南大学文学部

I　はじめに

ナラティヴ・エクスポージャー・セラピー（Narrative Exposure Therapy：NET）は，トラウマに焦点を当てた短期心理療法の技法のひとつである。アフリカの武力紛争に起因する難民などの支援にあたった vivo international のチームが，現場の必要性から開発した技法であり，その後，次第に幅広い現場で用いられるようになってきた。

NET の特徴は，まず，表題の通り「語る」こと（ナラティヴ化，証言化）を作業の中心に置くところにある。それに加え，トラウマ性記憶への曝露（以下，「エクスポージャー」を「曝露」と表記する）を原理として組み込んでいるところがもうひとつの特徴である。トラウマを語ることに治療的意義があるのは言うまでもないが，まさにその語ることが難しいところにトラウマがトラウマである所以がある。語るのが難しいトラウマを言葉にするために，曝露の原理が組み込まれていることが，NET と他のナラティヴ・セラピーの相違である。

具体的な曝露の方法は，テキスト（シャウアーほか，2010）に書かれているものの，実習を含む研修によらなければ伝えることが難しい。テキストを読んで研修に参加した人が，想像していたものとずいぶん違ったという感想を抱くことが多いと，開発者の一人であるシャウアー氏が言うのを筆者は聞いている。筆者自身，学会のワークショップで実演を見て，この技法なら今まで接近が困難であったトラウマ的要素に安全に接近できると感じたことから NET を学ぶに至った。

曝露の要素を取り入れた技法的工夫は，「ナラティヴ」や「語り」という言葉から一般に連想するものとずいぶん異なっている。そのため，「傾聴する」ことを基本姿勢としている治療者が取り入れようとするとき，つい癖が出て聴き入ってしまい，曝露が不足したり，記憶の文脈化が弱くなったりしやすい。「傾聴する」姿勢では，接近できないばかりか，時には症状の悪化を招くところが，トラウマ性記憶の特徴である。

II　語る

ではどのように「傷を語る」のだろうか。まずその骨子を述べると，トラウマ的記憶を脳裏に呼び覚ましながら，時系列に沿って治療者が，①出来事の内容，②体験（認知，情動，感覚，身体反応の4要素）と，③今語っている体験（同4要素）についての質問を加えつづけることで，少しずつ語りを積み重ねる，という方法である。内容

についての質問とは，不明な部分を確認する質問は別にして，「その次にどうなりましたか」と問うのが基本である。それによって出来事の先に進むことを少しずつ重ねていく。つまり，記録映像をコマ送りで再生しながら，その内容を言葉にしていくような感覚である。1回のコマ送りで進む時間単位は，その部分のトラウマ性が強いほど短くなる。たとえば車が衝突したという出来事であれば，その瞬間は1秒単位ほどのコマ送りとなるだろう。「当たる一瞬前は何を考えましたか」「当たった瞬間，身体は何を感じましたか」といった質問がなされるだろう。

今あげた質問のように，出来事の内容だけでなく，認知，情動，感覚，身体反応の4要素に対しても質問を投げかけていく。体験がこの4要素から構成されていることは，トラウマ治療のさまざまの技法における共通理解であり，それらの要素間がつながらないことがトラウマ記憶の特質である。つまり，4要素のそれぞれに意識を向けることで，要素間をつないでいくことを目指すのである。

ただし，すべてのコマについて4要素すべてを聞くわけではない。ある程度の時間の流れのなかで4要素に触れていれば，それぞれの要素が活性化されながら進んでいくことができる。どれかの要素に長い時間触れないままにならない程度，というあたりが目安であろう。

第3の「今語っている体験」は，「今話していてどのような気持ちですか」「今話していて体に何か感じていますか」などの質問を行うことを意味する。語っている現在の自分に意識を向けるのである。それによって，出来事を体験した過去の自己と，現在の語っている自己の両方に意識を向け，二重意識を保つことを目指す。

どの程度の頻度で現在に意識を向けるかについて明確な基準はないが，記憶のトラウマ性が高いほど頻繁に現在に戻ることが必要になる。トラウマ性が高いほど，治療者は，質問で介入することで想起を妨害するのではないかという不安を感じ

やすいが，逆に，トラウマ性が高いほど，現在に一旦意識を向けても，想起は妨げられない。頭にあるモニターを一旦止めて，現在の話をして，また続きを見るという往復が行なわれる。

トラウマ的記憶は，過去の体験と今の自分が未分化であることを特徴とする。過去の出来事を思い出すと，今それが起こっているかのように，かつてと同じ感情や感覚が蘇る。トラウマ性が高いと，今ここにいることが意識から消えることさえ珍しくない。二重意識を保ちながら進めることで，そうした未分化の状態に「過去にあった体験を，今ここにいる自分が語っている」という時間軸の構造がもたらされる。なお，「○○について今どう思いますか」といった「振り返り」に相当する質問は行わない。今すでに起こっている体験を報告してもらうのであって，新たに何かを考えたり感じたりすることを求めるわけではないからである。

これらの質問を総合して，どの程度の頻度で質問を投げかけるのかをおおよその感覚で言えば，質問と質問の間隔は平均30秒程度で，その間隔は扱う場面のトラウマ性が高いほど短くなると思っておくとよいだろう。「傾聴」という聞き方と全く異なることがわかる。

聞き取りを進める間，セラピストは後の文章化のために，メモを取る。出来事の内容を再現するのが目的なので，対話の記録ではなく，過去の体験に関するメモである。記録として重要な数字，場所，名前などや，本人の使った特徴的な言葉や表現は特にメモする必要がある。メモについては，セラピストが経験によって自分に適した程度や方法を見つけていけばよい。

III　書く

このようにしてある出来事の記憶を時系列に沿って辿ったのち，セラピストはその内容を文章にまとめる作業を次回のセッションまでに行う。NETの特徴のひとつは，この文章化の作業にある。「語る」だけでなく，文章にまとめることで，

その体験の「物語」が定着する。

次に，ある子どもの体験についてまとめた文章を示す（内容を一部割愛ないし改変している）。

　幼稚園に入る前に，けがした事件があった。家のなかで，……か何かから，お父さんが……した。お母さんがそれを止めようとした。そのうちにお父さんとお母さんのケンカになった。それでお母さんが電話しようとしたらお父さんが電話機を壊してしまったので，お母さんがブチ切れた。お父さんはそれでむきになって物干しざおを振り上げた。お母さんが危ないと思って……したところに，僕がお母さんを守ろうとして，お父さんとお母さんの間に入った。お母さんがあわてて僕を抱きかかえたので，僕はびっくりして立ち上がり，お母さんの頭より僕の頭が高くなった。

　その瞬間，ブンという音が聞こえて，お父さんのほうを見たとたん，お父さんが振り切った物干しざおがバンと当たった。後で聞いたことだが，物干しざおが落ちないようにするためのネジが出ていて，ちょうどそこが当たった。血がいきなりだらだら流れたので，お母さんはすぐに僕を抱きあげてバーッと走りだした。僕は何が何かわからない感じで，痛みは感じなくて，泣いていなかったと思う……

この出来事は，「語る」ときに細かなコマ送りが必要な出来事の典型である。コマ送りで語らなければ，立ち上がり，音が聞こえ，振り返り，その瞬間に竿が当たる，というおそらくは１〜２秒の間に起こった出来事の記憶を時系列に沿って語ることはできない。そして，その１〜２秒間の出来事を語るために，その何倍も，何十倍もの時間をかけることが重要である。通常の語りであれば，恐怖のためにすぐ想起を回避してしまうような性質の記憶に，一定期間止まっていることが，「馴化」という不安低減効果をもたらす。

１回のセッションから得られた文章は，次回のセッションの冒頭で読み上げられる。読み上げられる物語を聴きながらクライエントの脳裏に再びその出来事の記憶が再生されるであろう。つまり，読み上げが２回目の曝露となる。そして，何か修正点がないか尋ね，あればメモをして，最終版に反映させる。クライエントに手渡して読んでもらうのではなく，読み上げることが必要である。自分で読むと，最も強い苦痛を引き起こす箇所は飛ばし読みされて，曝露の効果をもたらさないであろう。

こうした作業を繰り返すことで，今までの人生全体を扱った自伝ができあがる。自伝は，最終回にその全体が読み上げられ，最後にクライエントに手渡される。セラピストは代筆者の立場であり，自伝はクライエント自身の作品である。

IV　眺める

NET には，自身の人生史の全体を眺める視点をもたらす効果がある。紹介の順が逆になったが，こうした視点の形成は，第１回に実施する「花と石」あるいは「人生ライン」と呼ばれるワークですでに開始される（図）。

「花と石」ワークでは，紐を人生の時間軸に見立てて，束を端に残して伸ばし，その上に「良い体験」を花で「辛い体験」を石で表して置いていく。置き終わったら，それぞれがどんな出来事を表すのかを尋ね，付箋に書いてその横に置いていく。すべて尋ね終わったら，紙にスケッチする。

「花と石」ワークではそれぞれの体験を詳しく話さないことが重要である。説明は「簡単に」，言い換えれば「タイトル程度の」言葉だけで良い。「性被害にあった」「いじめられた」という程度でよく，どのような被害だったのかを確認する必要はない。もし詳しく話し出したら，特に石については曝露が始まってしまう。そして，曝露が起こっても，つまり場面が鮮明に思い出されても，それを処理することがここでの目的ではないので，いわば中途半端な曝露となり，症状を悪化させる恐れがある。クライエントが詳しく話そうとしたときには，「後に詳しく話してもらいますので，今はそれだけでいいですよ」と介入して止めねばならない。介入のタイミングは早ければ早いほどよい。「傾聴する」癖のあるセラピストは注意しな

図　花と石（人生ライン）のワーク

ければならない。

「花と石」のワークのひとつの，実際的な目的は，およそどのような出来事があるかを確認し，セッションの区切りと回数の予定を立てることにある。どのような流れで，何回ほどで，NET の作業が進み，終わるのかを共有することで，クライエントの安心感と，「あと X 回頑張れば終わる」というモチベーションにつながる。

そして，もうひとつの目的が，人生を外から「眺める」視点の獲得である。人生の流れを一本の線としてみる体験は，クライエントにとって新しい体験である。セラピストがスケッチしている間も，クライエントにとって自身が制作した「花と石」を眺める時間となるために意味がある。過去の人生の全体を俯瞰あるいは鳥瞰する視点をこのワークで経験したのちに，個々の経験の語りに入り，それぞれの記憶の整理を行ったのち，最後にもう一度「花と石」のワークを行う。トラウマ性の記憶を多数抱えていると，過去の自分と現在の自分が境界なく混ざり合う，事実関係や時系列の理解が混乱しているなどの要因から，人生の全体を俯瞰することが難しい。「花と石」のワークは，自伝制作全体を通して行う作業を象徴するものである。

Ⅴ　共有する

NET の作業を通して人生史を整理する作業は，最も人と共有しにくい体験をセラピストと共有する過程でもある。恐怖，自責感，恥など，人と共有することが難しいさまざまな情動，感情を乗り越えて，体験を人に伝える作業である。

言うまでもなく，セラピストとの体験の共有は多くの心理面接に含まれる。しかし NET には，それ以上の「共有」が含まれる。セラピスト個人へ体験を伝えるだけではなく，文章化された自伝によって他の人との共有も可能になるからである。

そもそも NET の開発は，重度の人権侵害を経験した難民が，記憶のトラウマ性のためにその体験を他者に適切に伝えることができないことへの気づきから始まった。治療を通して証言を可能にすることが NET 開発のひとつの目標であった。実際，語り手が希望すれば，「自伝」を証言として人権擁護組織などに提出することも念頭に入れて実施されてきた。

日本における臨床場面では，証言として法的手続きに用いられることはまずないと思われるが，それでも「証言」の性質は失われていない。文字として残ることによって，その体験を他者と共有する可能性が生まれ，その対象は今身の回りにいる重要な他者だけでなく，今後出会うかもしれない重要な他者にまで広がる。今すぐに誰かと共有しない場合でも，共有するための資源を手にしていることが安心感をもたらすと思われる。

この性質は，セラピスト側の姿勢にも影響を及ぼす。一般の心理面接のように，「密室」における二者関係のなかで共有することを重視する姿勢ではなく，「あなたの体験を他者と共有可能な形にするための援助者」という立場に立つことが基本となる。この立場は，個々の体験を聞き取る姿勢にも差異をもたらす。セラピスト個人への信頼感に支えられた体験を聞くという「二者関係」モ

デルではなく，その内容の過酷さから他者に伝えるべき出来事に言葉を与えるための技法を身につけている一専門家という役割意識をもつほうがよい。それによって，「どこまで聞いてよいのか」といったためらいが排除され，曝露がより徹底され，証言の質が上がり，つまるところ治療効果が高まると思われる。

VI　おわりに

　本稿では，具体的な手続きの説明は他書や研修会に譲り，NET の基本的性格を伝えることを目的として記述した。「聞く」「書く」「眺める」「共有する」という要素は，トラウマからの回復にとって本質的なものである。NET が，そうした要素を組み合わせて構成された技法であることを理解していただければと思う。

▶文献

道免逸子，森茂起（2017）ナラティヴ・エクスポージャー・セラピーの効果に関する文献展望．トラウマティック・ストレス 14-2；55-66.

森茂起（2017）ナラティヴ・エクスポージャー・セラピー（NET）．In：野呂浩史 編：トラウマセラピー・ケースブック─症例にまなぶトラウマケア技法．星和書店，pp.175-193.

マギー・シャウアー，トマス・エルバート，フランク・ノイナー［森茂起，明石加代，牧田潔，森年恵 訳］（2010）ナラティヴ・エクスポージャー・セラピー──人生史を語るトラウマ治療．金剛出版.

マギー・シャウアー，トマス・エルバート，フランク・ノイナー［牧田潔 訳］（2017）ナラティヴ・エクスポージャー・セラピー（NET）．In：ウルリッヒ・シュニーダー，マリリン・クロワトル 編［前田正治，大江美佐里 監訳］：トラウマ関連疾患心理療法ガイドブック．誠信書房，pp.145-173.

告 知 ……**第 7 回公益財団法人こころのバリアフリー研究会総会**

日時：2020 年 5 月 30 日（土）および 5 月 31 日（日）
会場：NTT 東日本関東病院 カンファレンスルーム
テーマ：自分らしく生きるって
基調講演者：認定 NPO 法人 COMHBO 共同代表 宇田川健氏
参加費用：医師会員 6,000 円／非医師専門家 4,000 円／当事者・家族・学生 2,000 円
詳細・申込み：http://www.jsbfm.com/

[特集] 人はみな傷ついている──トラウマケア

マインドフルネス
傷と生きる

大谷 彰 Akira Otani
Spectrum Behavioral Health

　日本語の〈傷〉にあたるギリシア語は "τραῦμα"（トラウマ）である。この言葉が心理障害の主要要素として認められたのは 1980 年，その年に刊行された DSM-III の〈心的外傷後（ポスト・トラウマティック）ストレス障害〉（以下，PTSD）の採択と記述によってであった（American Psychiatric Association, 1980）。以来トラウマや PTSD といった言葉は日常用語として定着し，自然災害や対人暴力をはじめとするさまざまな誘発要因が確認されている。PTSD の発生率はトラウマ体験の種類，発症時期，クライアントの年齢，性別，リジリエンス，サポートなどの諸要素によって影響されることから特定は困難であるが，英語圏で行われた 58 編の研究論文の分析では 17.0%（トラウマ体験後 1 カ月）から 28.8%（トラウマ体験後 12 カ月）と推定されている（Santiago et al., 2013）。日本の総人口約 1 億 2,600 万人にこの数値を当てはめると[注]，おおよそ 2,125 万人から 3,628 万 8,000 人となる。実に多くの人が〈傷と生き〉ているのである。

　こころの傷はもちろん PTSD だけに限らない。仏教で〈四苦八苦〉と言われるように，生きることは苦痛と苦労の繰り返しであり，個人の対人関係，家族形態，経済状況，社会構造すら傷となる

ことは繰り返すまでもない。親子・夫婦問題，貧困，差別と偏見，セクハラやパワハラ，過労死などはこの典型である。こうした現実にいかに取り組み，どのように対処すればよいのか。本稿では，①こころの傷の発生パターン，そして②〈傷と生きる〉ことをマインドフルネスの見地から論じてみたい。

I　傷の発生パターン

　傷はその発生パターンによって 4 種類に分類できる（大谷，2017）。第 1 は直接体験である。「災害，暴力，深刻な性被害，重度事故，戦闘，虐待」といった〈生命の危機〉を脅かす体験であるが（日本トラウマティックストレス学会，2019），これらはタイプによって自然災害と事故，および対人暴力とのカテゴリーに分別される。怖いものの象徴とされる〈地震，雷，火事，おやじ〉という慣用句はこれを言い当てているのである。ただし注意を要するのは，直接には傷を負わなかったが，それが深刻に予測されるケースもこのカテゴリーに属することである。たとえばエンジントラブルを起こした飛行機に乗り合わせた，といった状況である。この場合，〈死ぬかと思った〉という体験が傷となる。さらに生命の維持に必要不可欠な行為

の欠落，すなわちネグレクトも直接体験の一種となることを忘れてはならない。

次に間接体験による傷が挙げられる。他人が体験した悲惨な状況を目撃した，聞いたという体験である。近年SNS上で一昔前には放映されなかったような出来事が即座にアクセスできるようになり，自然災害や対人暴力などの〈現場〉をバーチャルに見聞する機会が増えた。これが傷となりうるのである。こうした疑似体験はトラウマ体験者の治療に携わる医療スタッフや心理セラピスト，高齢者や病人の看護に携わる介護者や家族メンバー，戦場や災害被災地に赴いたジャーナリストにも起こり，〈共感疲労〉もしくは〈二次的（代理性）心的外傷ストレス〉などとも呼ばれる。これが2番目のパターンである。

傷を起こす第3のパターンは加害体験である。犯罪や過失，不正などを犯したことが引き金となる。加害体験には意図的な行為（例：暴力，不倫など），偶発的な出来事（例：医療ミス，交通事故など），さらには職務活動（例：軍事行動，矯正施設などでの懲罰行為）が含まれる。こうしたパターンは〈加害者誘発トラウマティックストレス（perpetration-induced traumatic stress）〉（MacNair, 2002），生存者罪悪感（池埜，2002），モラル・インジャリー（moral injury：道徳的トラウマ）などと呼ばれることもある。

最後に，傷は自責体験によっても誘発されることがある。自己の価値観に背く行為に走った，理念を達成できなかった，といった体験である。英語のシェイム（shame）は〈良心の呵責にかられる〉〈慚愧に堪えない〉という感情を表すが，これが傷となるのである。一例を紹介しよう。1995年1月17日に起きた阪神・淡路大震災で，住民の一人は自宅が部分崩壊したことから茫然自失の状態に陥った。幸いにも解離状態は数日で消失したが，

回復するまでの期間，家屋が完全崩壊し，瓦礫にうずまった隣家の住人の救出援助をしなかった。しばらくして隣家の一人が震災による怪我で亡くなったと知り，自分を執拗に責め立てた。これが傷となったのである。

II　マインドフルネスと傷

マインドフルネスには心身疾患の治療をねらいとする〈臨床マインドフルネス〉と，スピリチュアルな瞑想実践としての〈ピュアマインドフルネス〉という2つのパラダイムがある（大谷，2014）。そのため同じマインドフルネスでもパラダイムによって〈傷と生きる〉ことの意味は微妙に異なる。それぞれの立場は次のように要約できる。

まず臨床マインドフルネスの立場からすれば，〈傷と生きる〉ことはトラウマからの回復，すなわち〈傷を克服して生きる〉ことである。傷の原因を特定し，それによる心身症状を緩和させ，反芻思考および過剰感作反応（hypersensitization）を抑制することによって，傷の〈キュア（cure）〉をはかるのである（大谷，2017）。傷の完治によってクライアントは〈被害者〉から〈生存者〉へと変貌をとげる。さらにはポストトラウマ成長（Posttraumatic Growth：PTG）の可能性も含まれる（宅，2014）。

臨床マインドフルネスの理念はFrank Ochbergの「サバイバーの詩（The Survivor Psalm）」に顕著に綴られている（Ochberg, 1991）。

サバイバーの詩
私は虐げられた。
それは正義を欠いた闘いであった。
私が望んだ闘いでもなかった。私は敗れた。
そんな闘いに負けたとてシェイムにはならない。勝つことがシェイムだからだ。
私はサバイバーとなり，もはや敗者で囚われ人の立場にはない。
過去を振り返ると寂しさはあるが憎しみはない。

注）国連統計による日本の推計人口は1億2,684万1,619人（2019年7月15日現在）となっている（https://www.worldometers.info/world-population/japan-population/ より）。

将来を見つめると希望があり，絶望はない。

私は決して忘れはしない。しかし常に苛まれること
はない。

私はかつて被害者であった。

今はサバイバーだ。

傷を乗り越え，サバイバーとなるための臨床マインドフルネスは，単なる気づき（アウェアネス）だけでは不十分であることが多い。クライアントの安全感と安心を確保しつつトラウマの回復を図る特定の技法を，段階的に活用することが必要となる（例：マインドフルネス段階的トラウマセラピー（Mindfulness-Based Phase-Oriented Trauma Therapy：MB-POTT）（大谷，2017）。この際，ボディスキャンなどのテクニックは解離や偶発的除反応を誘発しかねないため注意が必要である（Treleaven, 2018）。

傷の克服をねらいとする臨床マインドフルネスに対し，ピュアマインドフルネスでは〈傷を受け容れて生きる〉ことを目標にする。傷を〈キュア（cure）〉するのではなく〈ケア（care）〉する生き方と言えよう。マインドフルネスの源流である仏教が説くように，人生においては生病老死はもちろん，〈愛別離苦〉（愛するものと別れる）〈怨憎会苦〉（憎しむ人物に遭遇する）〈求不得苦〉（欲しいものが手に入らない）〈五蘊盛苦〉（あらゆる現象と知覚に執着する）は避けることのできない事実である。これによって苦，すなわち傷が生じ，誰一人としてそこから逃れることはできない。この現実を直視し，傷と向かい合いながら人生を歩む。これがピュアマインドフルネスの本意である。

ピュアマインドフルネスの扱う傷は一見，臨床マインドフルネスのそれとは異なるように思えるかもしれないが，仏典にはトラウマによる傷を被った説話が生々しく描かれている。なかでもKisā Gotamī（キサー・ゴータミー）とPatācārā（パターチャーラー）のケースは特に有名である（井上，2014）。いずれも独り子（Kisā Gotamī）や家族全員（Patācārā）を失うという悲惨なトラウマ

を体験するのであるが，釈迦の言葉によって生きる勇気を取り戻し，ついには解脱の境地に達したと記されている。

釈迦の弟子となった2人が修行の一環としてマインドフルネス，正確には八正道の〈正念〉を実践したことはもちろんであろうが，その目的は傷の克服ではなかった。彼らが感得したのはむしろ不幸や災難は常に偏在するという〈正見〉であり，これによって傷を受け容れたのである。仏教に造詣の深い精神科医のMark Epsteinが「釈迦が明察したのは，傷（トラウマ）は自分だけに起こると信じてはならない，ということであった」（Epstein, 2013［p.199］）と述べるように，傷は普遍かつ不可避である。この真実を直視し，傷と向かい合いながら生きること──これをピュアマインドフルネスによって確立するのである。

Patācārāは自己の傷の受け容れを『尼僧の告白──テーリーガーター』のなかで，次のように告白している。

（Patācārā 尼いわく）その〔子〕が来たりまた去って行った道をそなたが知っているならば，そなたはかれのために悲しまない。けだし，生きとし生けるものは，そのような定めをもっているのである。

（中村，1982［p.33］）

死は避けることができない。生あるものはすべて滅びる。ひいては生きることは傷つくことである。この事実を達観し，傷に立ち向かう。これがピュアマインドフルネスによる生き方である。

III　結語にかえて

傷はさまざまな原因によって発生し，それから逃れることは不可能である。マインドフルネスは傷と生きてゆく手段として有効であるが，その実践スタイルによって目標が異なる。ひとつは傷を克服し，サバイバーとして生きることをねらいとする臨床マインドフルネスである。これに対するピュアマインドフルネスは仏教価値観を反映し，

人生における傷の必然性，およびそれを受容する生き方を理想とする。2つのマインドフルネスは対峙するパラダイムとみなされがちであるが，むしろ相補関係にあるとみなすのがより有益であり，実用的ではなかろうか。人生において傷は避けられないという現実をしっかり受け止め，傷ついたときには回復をはかる。そして再び傷と向かい合いながら精一杯生きる。これがマインドフルネスの教える傷との生き方であると筆者は考えている。

▶文献

American Psychiatric Association (1980) Diagnostic and Statistical Manual of Mental Disorders. 3rd Ed. Washington DC : Author.

Epstein M (2013) The Trauma of Everyday Life. New York : Penguin.

池埜聡 (2002) 生存者罪悪感 (survivor guilt) の概念的枠組みとソーシャルワーク実践の課題──ソーシャルワークにおけるトラウマ・アプローチに関する一考察．社会福祉学 42 ; 54-66.

井上ウィマラ (2014) グリーフケアと仏教の再構築．グリーフケア 3 ; 17-44.

Kabat-Zinn J (1994) Wherever You Go, There You Are : Mindfulness Meditation in Everyday Life. New York : Hyperion.

MacNair R (2002) Perpetration-induced Traumatic Stress : The Psychological Consequences of Killing. Santa Barbara, CA : Greenwood Publishing.

日本トラウマティックストレス学会 (2019) トピックス PTSDとは (http://www.jstss.org/topics/01/ [2019年7月20日閲覧]).

中村元 (1982) 尼僧の告白──テーリーガーター．岩波書店.

Ochberg FM (1991) Post-traumatic therapy. Psychotherapy 28 ; 5-15.

大谷彰 (2014) マインドフルネス入門講義．金剛出版.

大谷彰 (2017) マインドフルネス実践講義──マインドフルネス段階的トラウマセラピー (MB-POTT)．金剛出版.

Santiago PN, Ursano RJ, Gray CL, Pynoos RS, Spiegel D, Lewis-Fernandez, R, Friedman MJ & Fullerton CS (2013) A systematic review of PTSD prevalence and trajectories in DSM-5 defined trauma exposed populations : Intentional and non-intentional traumatic events. PloS One 8 ; e59236.

宅香菜子 (2014) 悲しみから人が成長するとき──PTG (Posttraumatic Growth)．風間書房.

Treleaven DA (2018) Trauma-sensitive Mindfulness : Practices for Safe and Transformative Healing. New York : W.W.Norton.

告　知　……　PEERS® 指導者向け特別セミナー

内容：思春期の自閉スペクトラム症（ASD）や社会性に課題のある子ども達に向けに作成されたプログラム PEERS® の実践方法を詳しく説明する，指導者向けの3日間特別セミナーです。このセミナーを修了された方は UCLA の PEERS® Certified Provider（認定講師）となることができます。本セミナーでは，日本文化の中で実施する際の工夫や配慮コツなどもお伝えします。

日時：2020年3月20日（金・祝）〜 22日（日）　9：00 〜 17：00

会場：TWIN21 MID タワー（大阪府大阪市中央区城見2丁目 1-61）

定員：35名

講師：山田智子

参加費：126,000円（税別，資料代含）

詳細・申込み：https://sstar.or.jp/

主催：一般社団法人 SSTAR

🦋 [特集] 人はみな傷ついている──トラウマケア

トラウマケアと支援者の傷つき

傷に憑かれる

稲本絵里 Eri Inamoto

日本医科大学多摩永山病院

I　はじめに

トラウマケアに関わる支援者もみな傷ついている。それを否定する人はいないだろう。ただ，トラウマケアの専門家が集まる場でも，「支援者の傷つき」は中心的テーマから外され，後回しにされてしまう話題だ。しかも，「支援者の傷つき」は扱われても，支援者自身である「私（私たち）の傷つき」はめったに語られない。被害者支援の専門家が参加する研修会で，〈自分自身のケアをどうされていますか〉と質問しても，正面から答えが返ってくることはほぼない。専門家であればその必要性も重要性も十分わかっているが，簡単には語れないデリケートな雰囲気がただよっている。筆者自身も被害者支援や支援者支援に携わりながら，この課題については自分自身が一番迷子になっているように感じる。むしろ，そこに目を向けてしまったら最後，もっと濃い霧のなかを彷徨うことになるような気がして，正直なところ目を背けたいテーマでもある。本稿では，なぜ「支援者の傷つき」がこれほど扱いづらいのかを問題意識の根底に置きながら，先行研究を概観するとともに，「支援者の傷つき」に取り組んだ筆者自身のセッションをもとに議論したいと思う。

II　トラウマケア支援者の傷つき

トラウマとは「心的外傷」や「こころの傷」のことを意味する今では耳慣れた言葉だが，その概念は一言で説明するのが難しい。トラウマ体験は「人間の人生への通常の適応行動をめちゃめちゃにしてしまう」（Herman, 1992）もので，「人間の尊厳や自己肯定感が根こそぎにされる」（宮地，2005）。しかもその影響は言葉で表現しづらいため，「身体症状や行動として制御できないかたちであらわれてくる」（宮地，2005）。トラウマは歴史や文化に影響を受けながら，政治的，社会的，文化的な視点を織り込みつつ流動的に変容してきた概念である（宮地，2012）。

そのようなトラウマを負った人々と関わる支援者もまた傷つき，さまざまな影響を受けることは，これまでにも報告されてきた。ただし，トラウマケア支援者の傷つきについては，特に1990年以降の同時期に研究報告が複数重なり，混乱するほどである（Stamm, 1995）。

『二次的外傷性ストレス』をまとめた Stamm（1995）は，「相手のトラウマに関連する題材に共感的に関わることは危険をはらむ」という前提に立ち，「他者に対するケアの潜在的代償，広義で

言えば二次的外傷性ストレス」について，複数の
トラウマケアの臨床実践家や研究者による多角的
な論考を集めている。

　代表的なものとして，Figley（1995）はトラ
ウマを負った人の外傷体験に二次的に曝される
ことで，「二次的外傷性ストレス（Secondary
Traumatic Stress：STS）」あるいは「二次受傷
（Secondary Traumatization：ST）」から PTSD
症状が生じることがあると指摘した。これらは，
「他者をケアすることで彼らもまた傷つく」とい
うことであり，「配偶者など親しい間柄の者がト
ラウマとなる出来事を体験したことを知ることに
より自然に必然的に起こる行動や感情」と定義さ
れている（Figley, 1995）。そして，「他者が体験
したトラウマとなる出来事に曝されることがも
う一方の者のトラウマとなる」という点以外は，
STS 症状は PTSD 症状と対応している（Figley,
1995）。

　「共感性疲弊（Compassion Fatigue）」あるいは
「共感性ストレス（Compassion Stress）」は，ト
ラウマを負った人に対する感情移入と暴露によっ
て生じる（Figley, 1995）。Joinson が看護師を対
象とした論文で初めて使用した言葉だが，Figley
（1995）は，トラウマを負った人々をケアするこ
とによって経験する苦痛を「共感疲労とも共感ス
トレスとも二次的外傷性ストレスともいう」とし
ており，明確には区別していない。

　近接概念である「逆転移」は，Johansen によ
ると「患者に対するセラピストのすべての情動
反応を含むもの」で，Figley（1995）の説明では
心理療法の文脈で「クライエントが述べたトラ
ウマにセラピストが没入することもまた含む」と
している。また，「バーンアウト」は，Pines &
Aronson によって「感情的にぎりぎりの状況下
で長期間従事することによって起こる，身体的,
感情的，精神的疲弊」と説明されている（Figley,
1995）。これらは STS と同性質の重要概念としな
がらも，Figley の論文では区別している。

　「代理受傷（Vicarious Traumatization：VT）」

は，McCann & Pearlman（1990）によって提唱
され，トラウマ・ワーカーなどの専門家が「クラ
イエントのトラウマに関連した思考や記憶や感情
に繰り返し共感的に関わること」によって，「世
界や自己など根本的な信念の否定的な変化」が起
こることとされている。これによって，安全，尊
重，信頼，統制，親密性に関する基本的ニーズと
認知体系が変化し，それが永続するという（Evces,
2015）。

　そのほか，大規模災害や事故・事件の救援に当
たった職業救援者に特有の影響が及ぼされる「惨
事ストレス（Crisis Incident Stress）」について
も報告されている。日本では，災害後の救援者の
惨事ストレス（重村，2012），消防職員の惨事ス
トレス（加藤，2009；松井，2019）をはじめ，自
衛隊，警察官，看護職員，公務員，ジャーナリス
トなどについて報告されてきた。

　本稿では，前出の「Vicarious Trauma（VT）」を，
微妙なニュアンスを含めた元の言葉の意味を失わ
ないよう，そのまま表記することとする。

III　臨床家の傷つきとしての VT

　支援者の受けるトラウマのなかでも，特に臨
床家を含む専門家に起こる点で VT が興味深い。
日本語で「代理受傷」と翻訳されていることが
適切かどうかは賛否がある（大澤，2002；宮地,
2011）。"vicarious" という言葉には，単に「代理」
という以上に，「その人の身になって」強く共感
するという営みによって，支援者も「わがこと」
としてトラウマを負うという，もっと強い意味が
込められているようだ。

　精神分析家の上田（2018）は，私たち臨床家の
姿勢について，「患者のこころと同質の体験を治
療者が生きること」はたえず行っていることであ
り，「患者との関わりのなかで，私たちはいつの
まにか彼らと同質の体験を生き，彼らのこころの
なかの対象と同じように何かを感じ，考え，行動
していく」と述べている。これは "vicarious" に
込められた意味とも重なると思われる。

ただ，トラウマケアに関わる臨床家が「わがこと」としてクライエントと同質のトラウマ体験を生きるのは生半可なことではない。しかもそのケアは行き届いていないのが実情だ。臨床家の VT についての臨床報告がないのは，Herman（1992）が指摘したように「治療者の臨床は人目を忍んでやるもの」であり，「アングラ治療」と言える状況が今なお続いているからであろう。しかし，「傷ついた癒し手（Wounded Healer）」という概念を提唱した Jung やその後継者たちは，分析家の内で何が起こっているのか，逆転移の経験がどのようなものなのかを明らかにする重要性を指摘している（Sedgewick, 1994）。Sedgewick は，Jung の考えを継承し，「分析家が実際どのように自分の反応や傷つきに取り組んでいるかを示すこと」が大切であるとし，自身が受けた逆転移についてのスーパーヴィジョンを事例として紹介している。本稿では筆者もその意義に賛意を示し，自分の VT について取り組んだセッションについて考察を加えながら報告する。

Ⅳ　傷と変容——セッションと考察

筆者のオリエンテーションは，クライエント中心療法をベースとした統合的心理療法で，近年はプロセスワーク（以下，PW）を取り入れている。現在は総合病院に勤務し，救命救急医療やがん医療などの臨床をはじめ，トラウマ体験をもつ方々の支援や，支援者の惨事ストレスケアに携わっている。筆者は 1 年以上セッションを受けている A セラピスト（プロセスワーカー）に，2019 年 8 月から 6 回，「私の傷つき」について PW のセッションを受けた。以下，主に臨床家としての VT と変容のプロセスを抽出して報告する。

1　回避・抵抗の壁を越えて

セッションの前半は，自分自身の VT に取り組もうと決めて臨んだものの，いざ開始すると「回避」や「抵抗」が大きな壁になっていった。VT が長い年月をかけて少しずつ累積され固定されて

きたものであることを実感した。

筆者にとって「心理職，臨床家，支援する側，コントロールしている人，受け手」というアイデンティティ（1 次プロセス）は経験とともに強化されていき，「被害者，クライエント（以下，Cl），支援される側，傷ついている人，伝え手」という逆の部分（2 次プロセス）は自分から遠いものになっていた。PW では，1 次プロセスの「生きている私」も 2 次プロセスの「生きられていない私」も，どちらも「私」として全体性を生きることをサポートする。そのためこのセッションでも，「私の傷つき」を「私」に統合することが大きなテーマとなっていった。

（#2）では自分の VT から話題が逸れてしまった。背景には根強い「回避」があり，VT に向き合うことの「不安」「恐怖」「迷い」「恥」など複雑な感情が絡まっていたためと考えられる。しかし，そのときのワークで「自分の意見をしっかりと言える人」になり，「自己コントロール感」を取り戻そうとするプロセスが立ち現われ，困難ながらも専門家として逃げずに立ち向かうプロセスが動き出したように感じられた。

（#3）では，「支援する側（1 次プロセス）」から出て，「支援される側（2 次プロセス）」になるのは思った以上に難しいことを再確認した。その部分をワークすると，たとえば支援者が支援者ロール（1 次プロセス）にとどまり，被害者の一面（被害者ロール）だけに注目しているときに，被害者も支援者も同じ場所にずっと，とどまりつづけてしまうことに気づいた。PW の文脈では，ロールが固定されるとそこから先に進まなくなる。そういうとき，被害者はトラウマに，支援者は VT に，それぞれ「取り憑かれている」のかもしれないと連想した。そして，支援者が VT に「取り憑かれる」のは，被害者にただ盲目的に共感して関わることの代償なのではないかという気づきを得た。

2　無力感から自己コントロール感の回復へ

　セッションの後半は，トラウマに関わる臨床家としてずっと抱えてきた「無力感」「自責感」「孤立無援感」に立ち向かおうとしては打ちのめされ，臨床家としての立ち位置を確認するプロセスでもあった。

　(#4)では，ワークを通して臨床家はClとボールのパスをし合うように関わる動きが生まれた。さらに続けると最終的にボールは変化し，自然に還っていった。このワークから，臨床家(1次プロセス)が一人でボールを持ちつづけるのではなく，Cl(2次プロセス)と互いにやりとりを続けることで，プロセスも進むという気づきに至った。

　(#5)では，筆者がPWの集まりで孤独で無力な自分を感じ，自己評価が異常に低いと指摘されたことを報告した。それをもとにワークしたところ，筆者がそのときその場にあったトラウマのClの投影を受けて，いわば「取り憑かれて」起きていたことだと理解された。Clが壮絶で理不尽なトラウマ体験から「世界に対する絶望」を感じるように，支援者自身も「わがこと」として傷を負い，絶望を感じていた。それでもワークを続けると，自分が支援する側(1次プロセス)としても支援される側(2次プロセス)としても，トラウマと向き合い続けることを選ぶというプロセスに行きついた。

3　「傷ついた癒し手」としての成長へ

　筆者のなかでは一貫して「傷」を認めてしまうと支援者としての世界が崩れてしまうようなイメージが拭えなかった。最後のセッション(#6)で行なった1つ目のワークでは，支援者である自分自身が内なる声に安全につながることが大切だと気づいた。2つ目のワークでは，筆者は「傷」も何もない「死の世界」よりも，「傷」もあるし，波立つ感情もあるし，理不尽で絶望的な出来事も起こる「生の世界」を選ぶというプロセスに至った。そして，「生きることは何かしらトラウマがあるということだ」という内なる声に行きついた。

　Samuels(1985)は，「傷ついた癒し手」についてのGuggenbühl-Craigの見解から「一人の人間が病気になると，ヒーラー＝患者元型が働き始める」が，「ヒーラーとしての分析家と傷ついた患者に分裂する」傾向にあると述べている。しかし，クライエントが自らの内なる「癒し手」を生きるためには，セラピストが自らの「傷つき」を否認せず，自分のものとして抱えて生きることが必要だとしている。これはまさに筆者が「傷」のある世界で生きることを選んだとき，「傷ついた癒し手」として生きる覚悟が立ち現われた瞬間に符合していた。

　臨床家が自らの傷を直視し，自らの感情を表現する大きな壁を乗り越えるプロセスを生きるためには，信頼する人や場のサポートが必要不可欠となる。PWのMindell(1990)やReiss(2000)は，感情を出すことを恐れずに，その分厚い壁を超えるための手助けを臨床家自身が求め，力を借りることの重要性に触れている。筆者も信頼するセラピストに併走してもらい，最終的に頭ではなく魂でVTを「わがこと」として実感し，内在する「傷ついた癒し手」が「生きている私」になったとき，胸に込み上げるものがあった。VTの先には，Vicarious Growth and Resilience(成長と回復)(Evces, 2015)があることが体験できた。

　最後にトラウマケアに関わる支援者，特に臨床家に伝えたいメッセージを記して稿を閉じたい。

①経験を積んだ臨床家こそ，安全な器のなかで「わがこと」としてVTを振り返る意味がある。
②自らの傷と向き合い，感情を出すことを手助けしてくれる，信頼できるセラピストや場をもつ。
③自分のVTに取り組む先には，臨床家として一歩前進し成長できると信じる。

▶付記

　スーパーヴァイザーの村瀬嘉代子先生が，「生きること
には，トラウマがゼロとはありえない」と言っておられた
ことが，奇遇にも筆者がセッションを通して最終的にたど
りついたエッセンスと同じであったことに，驚きとともに
感動を覚えた。臨床家としてここまで学びや支えをくだ
さった先生方や仲間たち，何より一緒に成長してきた大切
な Cl の皆様に心から感謝申し上げたい。

▶文献

Evces MR（2015）What is vicarious trauma? : In Quitangon G & Evces MR（Eds.）Vicarious Trauma and Disaster Mental Health. Routledge, pp.9-23.

Figley CR（1995）Compassion fatigue : Toward a new understanding of the costs of caring. In : Stamm BH（Ed.）Secondary Traumatic Stress : Self-Care Issues for Clinicians, Researchers, & Educators. Sidran Press, pp.3-28.（小西聖子，金田ユリ子 訳（2003）二次的外傷性ストレス—臨床家，研究者，教育者のためのセルフケアの問題．誠信書房）

Herman J（1992）Trauma and Recovery. Basic Books.（中井久夫 訳（1996）心的外傷と回復．みすず書房）

加藤寛（2009）消防士を救え！．東京法令．

松井豊（2019）惨事ストレスとは何か．河出書房新社．

McCann IL & Pearlman LA（1990）Vicarious traumatization : A framework for understanding the psychological effects of working with victims. Journal of Traumatic Stress 3-1 ; 131-149.

Mindell A（1990）Working on Yourself Alone : Inner Dreambody Work. Penguin Books.（手塚郁恵，高尾受良 訳（1997）自分さがしの瞑想．地湧社）

宮地尚子（2005）トラウマの医療人類学．みすず書房．

宮地尚子（2011）震災トラウマと復興ストレス．岩波ブックレット．

宮地尚子（2012）文化とトラウマ．こころの科学 165 ; 22-27.

大澤智子（2002）二次受傷——臨床家の二次的外傷性ストレスとその影響．大阪大学教育学年報 7 ; 143-154.

Pearlman LA & Saakvitne KW（1995）Trauma and the Therapist. W.W.Norton.

Reiss G（2000）Changing Ourselves, Changing the World. New Falcon Publishings.（諸富祥彦 監訳（2005）自己変容から世界変容へ．コスモス・ライブラリー）

Samuels A（1985）Jung and the Post Jngian. Routledge & Kegan Paul Ltd.（村本詔司，村本邦子 訳（1990）ユングとポスト・ユンギアン．創元社）

Sedgewick D（1994）The Wounded Healer : Counter-transference from a Jungian Perspective. Routledge.（鈴木龍 監訳（1998）ユング派と逆転移——癒し手の傷つきを通して．培風館）

重村淳（2012）惨事ストレスと二次的外傷性ストレス．こころの科学 165 ; 90-94.

Stamm BH（Ed.）（1995）Secondary Traumatic Stress : Self-Care Issues for Clinicians, Researchers, & Educators. Sidran Press.（小西聖子，金田ユリ子 訳（2003）二次的外傷性ストレス—臨床家，研究者，教育者のためのセルフケアの問題．誠信書房）

上田勝久（2018）心的交流の起こる場所—心理療法における行き詰まりと治療機序をめぐって．金剛出版.

[特集] 人はみな傷ついている——トラウマケア

虐待・DV

杉山 春 Haru Sugiyama
ルポライター

私は，これまで，児童虐待，ひきこもり，外国人労働者のコミュニティ，自死などについて取材をして本を書いてきた。こうしたことを書きながら次第に，私がこのテーマから離れられないのは，私自身が生きづらさを抱えてきたからだと理解するようになった。

生きづらさの背後には，暴力があるのではないか。そして，暴力とは，殴る，蹴るだけではなく，他人を自分の思い通りにしようとすることではないかと考えている。暴力を受ける側は，自分自身の心，体，魂のすべてを使って生きることができない。それはとても苦しいことだ。「愛情による暴力」というものもある。

Ⅰ 私はどのように生きづらさを抱えてきたのか

私は昭和33（1958）年生まれだ。父は転勤族のサラリーマンで，母は専業主婦だった。両親は不仲だった。両親は無教会主義のキリスト教徒で，それぞれの親たちから受け継いだものだった。父方の祖父は早くに亡くなっていたが，父は，シングルマザーとなり，教員として働いていた祖母から，学力が優秀なクリスチャンとなるよう期待されて育ったものと思われる。

近代家族の家父長主義が強い家庭だったのか，信仰者としての父には母よりも格が上だという考え方があった。母は父への不満をためていたが，その一方で，自分の信仰は父の信仰よりも劣るのではないかとの疑いも密かに抱えていた。母は，自分は女性であるために社会的な活躍ができないことにも不満をもっていた。また，母は見知らぬ土地で孤独でもあったと思う。

私は長女として母の不満を聞く役割を担っていた。母独自の価値観を肯定する役割を担っていた。

また，私はいじめも体験している。小学校5年生の秋に，長野県から福島県に転校してすぐに，肺浸潤に罹患した。中学になっても，体育を休むなど，配慮を受けていた。そんなとき，クラスの女子数名に囲まれて，「本当はクラスのみんなは，あなたのことが嫌いなんだからね」と言われた。当時，いじめという言葉はなく，自分がいじめられているという自覚はなかった。ただ，このとき，世界が真っぷたつに分かれてしまったような感覚に陥った。以後，私はクラスで本音を言うことをやめた。周囲に合わせて声を出すようになった。

本音を語れなくなったとき，生きづらさが私のなかに忍び込んできた。

もっとも当時，私はいじめという言葉を知らなかった。そして，本音が言えないということは，

大人になることだと思っていた。そのようにして辛うじて，居場所を確保したのだ。

　10代の私は，学校でも，家庭でも，自分の目で見て，感じて，世界に対処することから遠ざけられた。私には，周囲への違和感がいつもあった。もしかしたら，自分が何を感じているのか，正確には理解できていなかったのかもしれない。

II　もがいていた頃

　大学時代，実家を離れた。物理的に家族を離れ，とても楽だと感じたことを鮮明に覚えている。一方，大学時代の友人たちに合わせようとしていた。大学卒業後，イタリアで半年ほど過ごしていた時期がある。日本社会からの同調圧がなく，なんと楽なのだろうかと，とても新鮮だった。

　帰国後，成り行きで語学教材を作る出版社にアルバイトとして勤務をして，会報誌に取材をして記事を書きはじめた。企画を立て，取材をして，知識を得て，自分の考えを記事にする機会を手に入れた。それに対して，読者からの反応が必ずある。この体験は大きかった。自分自身の考え方やものの見方を他者から肯定されるのだ。やがて，フリーランスのライターとして仕事が広がった。私はこの間，親とは異なる宗派のキリスト教会で洗礼を受けた。そこで出会った夫と結婚した。

　出産し，子育ても始まった。母は，私が働くことに協力的で，退職した父や妹たちとともに，近くに引っ越してきて，私の子育てを担った。

　今思えば，母の願いは私の願いでもあったような時期だった。

III　息子の不登校から学んだこと

　2004年に2冊目の本，『ネグレクト——真奈ちゃんはなぜ死んだか』を出した直後，小学校2年になった息子が学校に行けなくなった。『ネグレクト』は，愛知県武豊町で起きた，21歳の夫婦が3歳の女児を段ボール箱に入れて餓死させた事件を取材している。息子は女児よりも1歳上で，子育て中の私は，追い詰められていった母親に深く共感した。自分の辛い気持ちを誰にも表現できず，親たちは子育てができない自分たちの姿を社会から隠した。私もティーンの頃から，うまくいかないことがあると自分の気持ちを隠し，生きてきたからだ。

　だからこそ，私は息子が動けなくなったとき，自分の気持ちを社会につなげなければと思った。すぐに取材で出会った，虐待相談の相談員の方に相談した。彼女は私に「あなたは，社会のどんな支援を使ってもいい」と言った。これは当時の私に勇気を与える言葉だった。私と夫は息子を連れて，児童精神科医で，こどもの虐待防止センターの理事長だった坂井聖二先生の診察を受けた。当時，すでに病を得ていた坂井先生は，自宅近くの医師を選んだほうがいいと言い，医師を選ぶ基準を教えてくださった。

　「自分が疑問に思うことは何でも質問してみてください。躊躇せず答えてくれたら良い医師です。しかし，怒り出す医師だったら，主治医にするのは辞めたほうがいいです」

　その専門性に助けられるとしても，患者は医師と対等でいいのだ。

　私と夫が訪ねた自宅近くの児童精神科医はすぐに，息子はアスペルガーだと診断を下し，薬を飲むようにと言った。私が診断の根拠を問うと，医師は怒り出した。坂井先生には，逝去されるまで息子の主治医になっていただいた。

　最初の坂井先生の診察のとき，私たち夫婦は息子が学校に行けないのであれば，フリースクールに通わせることを考えていると伝えた。すると，先生は「息子さんは学校に行きたいのです。親が先に決めては行けません」と言った。息子が他者であることを明確に感じ取る言葉だった。

　また，「息子さんには育つ力があります。関わる大人は，その力を信じましょう」とも言われた。先生は当時，視力を失っていたが，息子の学校に出向き，息子に関わる異業種で協議をしたいと言った。当初，学校側は，息子の不登校の問題に医療が関わることを拒む姿勢を見せていたが，私

は冷静に学校と交渉し協議ができた。

　当初，私には息子のために思うように動いてくれない学校に怒りがあった。一方で，子どもと親は学校の指示に従わなければならないとも感じていた。学校と交渉し，協力できると学んだのは新鮮な体験だった。

　息子は，小学校3年のときに，通学するようになったが，登校すると教卓の下に潜り込んでしまう。担任は息子と話し合い，教卓の横にテントを立てた。息子はテントのなかで2，3カ月授業を受けると，やがて教室内で授業が受けられるようになった。のちに息子は「僕が学校に通えるようになったのは，テントのなかで授業が受けられたからではないよ。そこまでやってくれるなら，何かがあっても大丈夫だと思ったから」と話した。

　私は母親として，坂井先生の病が重くなるまでの3年ほど，2週間に1度程度メールで報告をしては，電話で助言を受けた。このとき，先生は，私の判断や感想をいつも肯定した。一度，息子に向精神薬を処方したいと言われたとき，私は子どもに飲ませることに躊躇があった。このときは，その薬がどれくらいの効果があり，飲むと子どもはどのように感じるかを注意深く説明をしてくだった。

　私は，このとき，自分が判断の主体になることを学んだ。坂井先生は病が重くなり，私たち家族に関わることが難しくなった頃，次のようなメールをくださった。

　「お母さまにとって重要なのは，自信をもって，自分の感情に素直に耳を傾け，怒ったり，ずっこけたりしながらも，S君と一緒に楽しめることだと思います」「私たちを支配している時代の息苦しさを一番大きく感じているのも，彼をはじめとする若い人たちだと思います」

　息子は，中学2年生の秋，学習旅行から戻ると，「僕は他の子と違わないことがわかった」と言い，翌日からクラスメートと変わりなく通学するようになった。

IV　第三者の介入で教えられたこと

　私自身は，息子の不登校に対処するなかで，次第に母と距離が生まれた。この時期，母からは「自分は80歳になったので，父親の世話を降りたい。ついては，平日の昼間父に弁当を作って届けてほしい」と言われた。何度か弁当を作って届けたが，それは奇妙にも感じられた。母は当時引きこもり状態だった妹と昼食を作って食べるのだ。

　私はカウンセリングを受け，私は母の願いを聞かなくてもいいこと，また，父は「身勝手」なのだと自分の気持ち通りに感じていいことを学んだ。これは大きな発見だった。私は家族の物語のなかに閉じ込められ，だからこそ，現実に対応ができなくなっていたのだ。

　この時期，私は，近代家族について学んだ。家族はかつては，土地や財産や家族内の産業を次世代に伝える装置だった。だが，社会が産業化するなかで，一族で家族の産業を支えるという形態から，夫がサラリーマンとして収入を得て，妻が育児や介護を支えるという近代家族へと変わっていく。家族は，男女が出会い，子どもが生まれ，育ち上がり，やがてどちらかが死を迎え，消えていくものとなったという考え方だ。

　私の人生は，私一世代をまず，大切に考えればいい。そんなふうに思った。

　この考え方は，人生に行き詰まり，死にたいと語る若年者の相談に乗るときに有効だ。

　「あなたは親の価値観を支える役割を担わなくていいのよ。自分の価値観で生きていいの。一番自分が楽になることを考えていいのよ」と伝えると，そんな考え方があるのかと，多くの若者たちが安心する。価値観に，多様な選択肢があることに気づくのだ。

　いずれにせよ，私は両親と距離を取るようになった。それからしばらくして，自分の頭を覆っていた透明なカプセルが，ポコンと音を立てて取れたような実感があった。

　この時期，『ルポ　虐待——大阪二児置き去り死

事件』を書いていた。大阪市内で，23歳の風俗店勤務の女性が，店の寮に，3歳の女児と1歳の男児を50日間放置して，ネグレクト死させた事件を扱った。同時にNPOの職員として，神奈川県下で生活保護家庭の15歳から39歳までの青少年への支援の仕事に携わっていた。困窮したシングルマザーたちは，我が子を自分の所有物のようにコントロールしていた。経済力も，家族も，仕事も，健康も失った女性たちは，母親であることに価値を見出そうとしているように見えた。いつまでも子どもたちを自立させようとしないのだ。

　大阪の事件の女性が，子どもを簡単に手放せたら，子どもたちは家に閉じ込められなかった。社会の目に触れて，命を落とすことはなかったと思われた。

　家族の価値観に閉じ込められているとき，当事者はその事実に気づけない。だが，その価値観で突き進むとき，生きづらさはさらに進行する。そして，さらに家族は孤立し，外からの介入を拒む。

　私の両親は不仲でありながら，お互いに離れることができなかった。お互いがお互いをコントロールし合っているようにも見えた。共依存の関係性を生きていた。

　そんな親たちから私は物理的に距離を取るようになった。これには少しコツが必要だった。私のなかに，親孝行は内面化されていたからだ。何処かに申し訳なさが残った。私は，自分自身に，悪い人になろうとそっと声をかける。親のいい子でいようとすれば，親の願いを叶える以外，選択肢がない。だが，悪い人になるぞ，と決めると，選択肢が広がる。良い人であることも，悪い人であることも，そのときの気分で選ぶことができるからだ。

　選択する主体になれるということが，生きづらさから自由になる方法ではないかと思っている。

　親と距離を取れるようになることで，息子との間にも距離を取ることができるようになった。息子の身に起きることは，私の責任ではないという感覚をもてるようになった。それはひとつの対人関係の感覚で，結構快適だ。

　そして，息子が自分で人生を選択できればそれがいいと今は思っている。

［特集］人はみな傷ついている──トラウマケア

「気づかない男たち」
ハラスメント・スタディーズ

清田隆之 Takayuki Kiyota
文筆業／桃山商事・代表

I　女子高生ブームと平凡な男子高生

90年代後半，私は東京・池袋にある男子校に通う高校生だった。「コギャルブーム」と言われ，メディアで女子高生がもてはやされた時代だった。ガングロ，ルーズソックス，アルバローザ，ピッチ（PHS）──今となっては懐かしすぎる言葉だが，同世代の女子高生，特に都心の私立校に通うコギャルたちはとても華やかだったし，怖かった。

当時，イケてる高校生がモデルを務めた『東京ストリートニュース（通称・ストニュー）』（学研）という雑誌が流行っていて，まだ高校生だった妻夫木聡や押切もえなどが"カリスマ高校生"として名を馳せていた。自分の通う学校も「人気の男子校」として上位にランクインしており，秋の文化祭にはものすごい数の女子高生が押し寄せた。しかし，キャーキャー言われていたのはごく一部だけで，私のような平凡な男子高生の身にキラキラした出来事は何ひとつ起きなかった。

友達のツテで近隣の学校に通う女子高生と遊ぶ機会が時々あったが，彼女たちはよくカラオケやマクドナルドをおごってくれた。「おじさんたちとカラオケに行くと5,000円もらえる」「ルーズソックスを売ると3,000円になる」など，いわゆ

る"援助交際"や"ブルセラ"のような行為をカジュアルなバイト感覚でやっていて，やけに羽振りがよかった。我々は同級生だったが完全に子ども扱いされていた。今なら彼女たちの行動が身の危険と隣り合わせであったことがわかるし，お金を払っていた社会人男性にも，ひどい言葉を使えば「買春ロリコン野郎！」と軽蔑の気持ちしかないが……当時は彼女たちがうらやましかったし，社会人男性に対して敗北感のような気持ちを抱いていた。

メディアは女子高生に注目し，社会人男性は女子高生に高いお金を払い，女子高生たちはごく一部のイケてる男子にキャーキャー言っている──。実際にはそうでない高校生が大半だったと思うが，当時の自分には世間の構図がそのように見えていた。そんななかで強く抱いたのが，「俺たち普通の男子高生って，世の中から1ミリも興味を持たれていないんだな……」という思いだった。

II　女性から聞く「男に対する不満や疑問」

私は普段，恋バナ収集ユニット「桃山商事」の一員として，人々の恋愛体験や悩み相談に耳を傾け，そこから見える恋愛とジェンダーの問題をコ

ラムやラジオで発信している。最近は男性からの恋愛相談も少しずつ増えているが，話をしにくる人のほとんどは異性愛者の女性だ。活動のメインは悩み相談なので，不倫や失恋，セフレや婚活の苦しみ，モラハラやセックスレスなど，どうしてもネガティブな話題が多くなる。そして，そういった話を聞くなかで，悩みの向こう側にいる男性たち（夫や彼氏など）にまつわる不満や疑問をたくさん耳にすることになる。

　女性たちの悩み方はさまざまだ。苦しむ人もいれば怒る人もいる。また，別れを決断できずに執着してしまう人もいれば，終わった関係を整理するために振り返って考えたいという人もいる。

　その一方で，各エピソードに登場する男性たちの言動にはある種の「パターン」が存在する。「同じ人なのかな？」と思うくらいそっくりな話がたくさんあるし，「自分もそういうことを言ってしまったことがあるかも……」と思うことも多々あって，ゾッとする。そういう，女性たちから聞いた「男に対する不満や疑問」にまつわる約800のエピソードを20のテーマに分類し，当事者としての体験も踏まえながら原因や背景について考察したのが，拙著『よかれと思ってやったのに──男たちの「失敗学」入門』（晶文社）だ。そこでは例えばこのようなテーマを扱っている。

・何かと恋愛的な文脈で受け取る男たち
・人の話を聞かない男たち
・謝らない男たち
・プライドに囚われる男たち
・男同士になるとキャラが変わる男たち
・すぐ不機嫌になる男たち
・身体のことを考えていない男たち
・保守的で変化を嫌う男たち

　もちろんすべての男性がそうだというわけではないし，女性にだってこれらの傾向を持つ人はいるだろう。また，「男性は加害者，女性は被害者」という構図を主張したいわけでもない。ただ，男性たちの発言や振る舞いに傷つき，迷惑を被って

いる女性が多いことは事実であり，その具体的な事例がこれまでにたくさん寄せられてきた（逆に，男性からの相談が少ないこと，「女性からされて嫌だったこと」をあまり男性が具体的に語らないこと自体も興味深い事実だ）。

　拙著では20のテーマについて各論的な考察を試みたが，ここでは総論的な視点から，すなわち，もし男性たちが似通ったハラスメント行為（＝迷惑な言動や加害性のある振る舞い）をしているとしたら，その背景にはどんな理由があるのかを考えてみたいと思う。

III　「俺はこうならないからわからない」

　しかし，これを考えるにあたっては，ひとつ大きな問題が存在する。それは男性たちが結構な割合で「無自覚」という点だ。私も本を書いた際，男性たちから幅広い意見を集めるため，いろんな具体例を見てもらいながら感想を募ったのだが，一番多かったのが「俺はこうならないからわからない」という声だった。これは「男同士になるとキャラが変わる男たち」の項でも紹介したのだが，私の目から見て，一対一のときと集団のときで明らかにキャラが変わる知人（草サッカーのチームメイト）ですら，そんな自分の傾向に無自覚だった。帯文を寄せてくれた社会学者の上野千鶴子さんも「ここに書いてあること，オレに関係ねぇ〜もん，って男に会ってみたい。その自己認識のなさもとっても『男らしい』ーっ！」と書いている。

　次に多いのは「身につまされる」「お腹が痛い」「読むのがつらい」といった反省的な声だった。こちらはさすがに無自覚というわけではないが，ではなぜそういうことをしてしまうのかと問うてみても，理由や背景に関する具体的な言葉は出てこなかった。妻や恋人から怒られたり嫌がられたりしたことで自分の言動がよくないものだったと考え直し，反省はする。しかし，自分がなぜそれをしてしまったかについては語る言葉を持っていない。こういうタイプの男性も形を変えた無自覚と言っていいかもしれない（かく言う私も偉そう

なことを言える立場にはないし，過去にさまざまな失敗をやらかしているためまったく他人事ではないのだが……）。

Ⅳ　being と doing のふたつの側面

　無自覚とは言い換えれば「言葉で捉えられていない」ということだ。そこにはなんらかの動機や理由があるはずなのに，言語化されないため「ないこと」になっている。それが無自覚の正体ではないだろうか。なぜ言語化されないのかというと改めて考えないからで，改めて考えないのは，問われたり注目されたりすることがないからではないか……。

　90年代末のコギャルブームの最中，男子高生だった私は世間からまったく興味を持たれていないことを痛感し，自分はあまり価値のない人間なのだろうという感覚を持った。世間とはメディアのことだけではない。広い意味で言えば「他者」から関心を向けられている感覚を持てなかった。自分が何を考え，何を感じ，どんなことを思いながら生きているのか（＝being），誰も興味ないんだろうな……というのが当時のリアルな感覚だった（桃山商事の初期メンバーである佐藤広報とは中高の同級生で，実際によくそんなことを話していた）。

　内面には興味を持ってもらえなかった一方，結果や実績，役割や能力といったもの（＝doing）で人間を計られている感覚が強くあった。自ずと会話は「何をやったか」や「何を持っているか」といったアピールが中心になり，例えば中学のときサッカー部で県大会まで行ったとか，○○予備校の模試で何点取ったとか，これまで何人と付き合ったとか，あいつの彼女は芸能人の誰々に似ているらしいとか，出てくるのはそのような話題ばかりだった。

　俺たちは一体，何を話していたのだろうか？　今となっては正確に思い出すことなど到底できないが，私は高校のときから20代後半になるくらいまで日記をつけていて，読み返すと「誰とどこ

に行って何をした」という行動記録ばかりで，気持ちにまつわることはほとんど書かれていない。感じたことや思ったことを言葉にする習慣はどのくらいあっただろうか。そういう話を友達としていただろうか。失恋したとか，ドラマや漫画に感動したとか，時々はそういう話もしていたように思うが，大半の時間は部活や受験，ファッションや芸能人のことなど，「自分の外側」のことばかり考えて（考えさせられて？）いたような気がする。

　そういうなかで，自他の being に関する観察眼や言語化能力が育たず，知らぬ間に「気づかない男たち」になってしまっていたのではないか……。

　おそらくコギャルブームは自分が世間から興味を持たれていないことを知覚するきっかけに過ぎず，実際にそういうことはもっと昔からあったと思う。そして，この「doing にしか興味を持たれないし，自分も他者の doing にしか興味を持てない」という傾向は，多くの男性たちに共通するものではないかと私は感じている。

Ⅴ　感情の言語化と想像する力

　ハラスメント行為（＝迷惑な言動や加害性のある振る舞い）をする男性の多くは無自覚であり，そこには「being の部分を言語化できない」という背景がある──。これまでの話をまとめると，こうなる。「それは世間が興味を持ってくれなかったせいで，俺たちは悪くない」と言いたいわけではもちろんない。ただ，ハラスメントというのは受ける側はもちろん，無自覚にしでかしてしまう側にとってもネガティブな結果をもたらすことは間違いなく，それをどうにかするためには，男性たちの多くに見られる「being に対する鈍感さ」の問題を考えないことには始まらないのではないか……というのが私の考えだ。

　高校生のとき，私は有名人になりたいと思っていた。サッカーの試合で活躍し，まわりからすごいと思われたかった。自分にはお笑いのセンスが

あると思っていて，芸人になればいずれ売れっ子になるんじゃないかと考えていた。ケンカなんて一度もしたことなかったけど，やれば強いんじゃないかとも思っていた。まわりの友達のことをちょっと見下していたし，初めてデートした女子のことをあまりかわいくないと感じていた。でも成績は悪かったし，サッカー部ではレギュラーから落ちたし，恋愛なんてまるでうまくいかなかった。もちろん『ストニュー』から声がかかることもなかった。

あのとき自分は，毎日悔しかったし悲しかったのだと思う。「もっと俺を見てくれ，もっと俺を認めてくれ」という気持ちが渋滞していたのだと思うが，それらを日記に書いたり，誰かに話したりしたことはない。ずいぶん自分に対するお見積もりが高いし，現実との落差も激しすぎて，思い出すだけで恥ずかしい。でもそういった気持ちを言葉にすることがなかったせいか，常にフラストレーションを溜めていて，それがしょーもない行動として立ち現れていた。学校の屋上の金網によじ登って友達と度胸比べをしたり，先生にバレないようこっそりズボンを脱いで授業を受けたり，妹を手下のように扱ったり，初めてできた恋人に不機嫌な態度を取って泣かせたり，バイトの先輩とイキがってお酒を飲んだり……本当にしょーもない，何がしたいんだかさっぱりわからないようなチキンレースやハラスメント行為を繰り返していた。存在証明のための切実な行動だったとも言えなくもないが，そんなことをしてないで，もっと友達と悔しさや悲しさや現実のままならなさについて語り合えればよかったと，今になって思う。

そしてこういう問題は文学の得意分野でもあ

る。私は大学まで本をろくに読んだことがなかったが，なぜか文学部に入り，本好きの友達にたくさんの名著を薦めてもらった。そこには自分が経験してきたようなことの何百倍も濃厚な物語が満載で，めちゃくちゃに打ちのめされたし，beingにまつわる言葉が一気に流入してきて，少しずつ感情を言語化していく習慣が身についていった感覚がある。それは決して即効性のあるものではないが，仕入れた言葉によって思考に方向性が与えられ，考えを深めたり突き詰めたりすることができるようになった。その結果，よくわからない感情のエネルギーに飲み込まれ，その発散を目指してよくわからない行動を取る……というサイクルが徐々に減っていったように思う。また，自分を打ちのめしてくれる言葉の数々に出会えたことも，感情の渦を相対化するきっかけのひとつになった。

私たちは感じることをやめることはできない。感じたことは最初，形も大きさも不明瞭な"何か"として身体の内部に発生する。それらの輪郭を捉え，取り扱えるものにする工程が言語化という作業なのだと思う。言葉が万能というわけでは決してないが，それでも気持ちに形を与える上で最も使いやすい道具は言葉だろうと思う（もちろん絵や歌やダンスなども道具のひとつだ）。

おしゃべりや読書によって言葉を仕入れ，感情を言語化していく。それを続けていくことでしか想像力や共感力は育っていかない。ハラスメントをしてしまう「気づかない男たち」に必要なのは，そういう極めて地味で地道なプロセスを延々繰り返していくことではないだろうか。

［特集］人はみな傷ついている──トラウマケア

自死遺族

中森弘樹 Hiroki Nakamori
立教大学 21 世紀社会デザイン研究科

I　遺族であるということ

　遺族とは一般的に，死亡した者の家族や親族を指す言葉である。この用法にしたがえば，近親者の死別を経験したことがある者はみな，遺族だということになるだろう。実際に，たとえば葬儀の場面では，死亡した者の近親者は遺族として扱われ，儀式において特別な役割を果たすことになる。そして，形式的には，葬儀が終わって日常生活に戻った後も，彼／彼女らはずっと遺族のままである。

　だが，実際には，全ての者が「自身が父親や母親の遺族である」という意識を常に持ち続けるわけではない。むしろ多くの者は，故人の命日や日本における盆のような特別な時期でもないかぎり，自身が「父親や母親の遺族である」という事実を意識することはなくなってゆく。彼／彼女らは，当人の意識のうえでは，次第に遺族ではなくなってゆくのだ。これは，死別による悲嘆（グリーフ）の過程を終え，日常生活を送れるまで「回復」したと見ることもできる。

　その一方で，残された家族や親族が，自らが遺族であることを長期的に意識せざるをえないような，死別のあり方も存在する。この点については，ある種の死別を経験した当事者たちが集まり，自らの経験や悲しみについて語り合う「遺族のつどい」が多く存在することからも，明らかだろう。そのような死別のあり方の最たるもののひとつが，近親者の自死である。

　たとえば，自死遺族たちの支援を行っている全国自死遺族総合支援センターのウェブサイト内の，「身近な人，大切な人を亡くした時」と題されたページには，自死遺族たちの想いを象徴するような言葉が散りばめられている──「あの時，ああしておけば……自分を責める気持ちでいっぱいだ」「どうしたら死なずにすんだのだろう」「誰にも自死（自殺）と言えない，知られたくない」「生き残って楽しい思いをするなんて申し訳なくて……」。このような想いを抱える自死遺族たちは，意識のうえでもずっと，今も遺族のままであり続けているのではないだろうか。

　本稿の目的は，近親者の自死によって苦しみを抱える自死遺族を，自死者でも自死遺族でもない第三者が理解しようとする際の，一助となることである。

II　自死遺族の抱える困難

　とはいえ，自死遺族の抱える精神的な困難や，

社会生活上の問題については，すでに国内外で多くの研究がなされていて，小山（2014）や中島（2014）のような優れた整理も存在している。まずは，それらの知見を確認しておこう。

　自死による喪失は，残された者たちに対して長期的かつ深刻な影響を与えることがある。それによって遺族たちは，しばしば複雑性悲嘆と呼ばれる状態になる。

　自死による死別にかぎらず，近親者の死は一般的に，残された者に深い衝撃と哀しみをもたらす。だが，先に述べたように，多くの場合，人々は死別の哀しみを抱えつつも，徐々に通常の生活へと戻ってゆく。一方で，強い悲嘆が通常よりも長期にわたり継続し，それが日常生活における心身の機能障害をもたらすようなケースもあり，このような状態は複雑性悲嘆と呼ばれる（Shear, 2015）。複雑性悲嘆の状態にある者は，故人への強烈な思慕や，心の痛み，故人に関する記憶や思考による頻繁な占有，喪失を受け入れることに対する不信や不可能性の感覚，故人のいない有意味な未来を想像しがたい，といった特徴を示すという（Shear, 2015）。

　この複雑性悲嘆は，恋人を失った者や，子どもを失った親に高い割合で生じ，とりわけその死が暴力的であったり突然であったりする場合に，生じる可能性がより高くなるとされている（Shear, 2015）。その意味で，特に配偶者や恋人，子どもの自死は，複雑性悲嘆を生じさせる典型的なケースのひとつだといえよう。

　ところで，自死が「突然」の喪失であるというとき，それはかならずしも，自死が何の前触れもなく突如として行われたということのみを意味するわけではない。たとえば，2017年の日本における，年齢階級別の死亡原因を見ると，10～39歳までの幅広い年代において，自死が死亡原因の1位を占めている（厚生労働省，2019）。一方で，社会全体で見ると，このような若年から壮年期にあたる年代の人間が死亡する頻度は，高齢世代と比べると低い。これはすなわち，一般的には

死とは縁遠いと思われている年齢層の人々が，自死によって多く亡くなっているという事実を意味する。このように「日常的には予期されていない」という意味での若い人々の「突然の」自死は，周囲に大きな衝撃を与えることになる（中島, 2014）。

　このような若い自死者の親は，子に先立たれたという喪失感に苛まれるだろうし，逆に自死者の子どもは，特に自死者が一家の生計を支えていた場合，経済的にも大きな影響を受けるだろう。さらに，自死は予期され難い死であることに加えて，社会的に容認されにくい死の形態ともなっている（小山, 2014）。自死について周囲に話し難いといった事態が，自死遺族たちの精神面や社会生活に，良い影響を与えることはないだろう。

III　第三者にとっての理解の難しさ

　以上は，最低限知っておくべき，自死遺族の抱える困難に関する知識だといえる。だが，自死者でも自死遺族でもない第三者が，自死遺族たちと実際に接する際には，これらの知識を情報として有しているのみでは，やや心許ない。というのも，これは筆者の失敗経験に基づく洞察でもあるのだが，特に筆者のような臨床的な訓練を受けたことがない者が自死遺族たちと接すると，彼／彼女らの自死者への想いやトラウマの強度に，当惑してしまうケースが想定されるからだ。

　たとえば，第三者視点では，自死の原因は遺族にはないように見えるのに，遺族本人は近親者の自死を「自分のせい」だと認知することで，長期にわたり自責の念に苛まれている，といった場合がある。このようなケースでは，第三者には，当人たちが長期にわたり過去の喪失に「囚われている」ように見えかねず，結果として無理な介入による傷つきを招くおそれがある。

　このような「すれ違い」は，筆者のような「素人」のみならず，「ケアの専門家」が自死遺族と接する際にも，起こることがある。たとえば，専門家が自死遺族たちに対して「悲嘆からの回復」を促

す場合に，自死遺族たちが「この悲しみが消える
ことはない」と感じ回復を拒否するといった，自
死遺族たちにとっての「二次被害」が生じている
という（髙木・山本，2014）。

　近親者との死別一般は，悲痛な出来事である一
方で，誰にでも起こる「ありふれた」喪失体験で
もある。その意味で，冒頭で述べたように，人々
の多くは遺族──過去の何らかの死別による悲嘆
から「回復」した経験を持つ遺族──なのだ。そ
うであるがゆえに，自死遺族たちが過去の死別経
験からなかなか離れることができないという事態
を，自死遺族ではない人々は知識としては把握で
きても，感覚として共有しづらいのではないだろ
うか。

　だとすれば，この自死遺族と第三者の不幸な
「すれ違い」を回避する方途のひとつは，自死遺
族を第三者が理解するための説明のバリエーショ
ンを，拡げる／増やすことであるように思われる。
「近親者の自死による悲嘆が長期にわたり継続し
ている」という基本的な説明を，自死遺族ではな
い第三者が理解可能なように，かつ，自死遺族た
とにとって的外れではない形で，補足することは
できないだろうか。以下は，そのような試みの一
端である。

Ⅳ　「曖昧な喪失」としての自死

　ここで，議論の補助線として，「曖昧な喪失」
という概念を導入しておきたい。

　「曖昧な喪失」とは，在／不在の認知が不確
実なものとなる喪失に焦点を当てるために，
Pauline Boss が提唱した概念である。このような
喪失が生じるパターンのひとつは，「死んでいる
か，生きているかどうか不明確であるために，人々
が家族成員によって，身体的には不在であるが，
心理的に存在していると認知される場合」（Boss,
1999 [p.8] ／2005 [p.10]）であり，家族が自然災
害や戦争で行方不明となったり，あるいは家出か
ら失踪したりといったケースが，その典型である。
「曖昧な喪失」においては，喪失が最終的なもの

であるのか一時的なものであるのかわからないの
で，当惑させられ，問題を解決することが不可能
になる（Boss, 1999/2005）。そして，「曖昧な喪失」
の不確実性は，悲嘆からの「回復」にあたって一
般的に必要とされる，喪った人物との関係を再編
する過程を阻害してしまう。

　ところで，自死による死別もまた，「曖昧な喪失」
に当たるという見解がある。自死による喪失は周
囲の承認を得づらいため，自死遺族が「さよなら」
をして哀悼を始めることができない点や，未解決
なままの喪失感や悼みを意味づけられないまま凍
結した悲嘆を抱える点が，「曖昧な喪失」の定義
と一致するという（石井・左近，2012）。

　だが，自死による喪失では，死の事実自体は明
確で，その点に関して曖昧さは存在していないよ
うに見える。では，近親者の自死による喪失が「曖
昧な喪失」なのだとしたら，そのどこに曖昧性が
あるのだろうか。差し当たり考えられるのは，次
の2点である。

　まず，先述したように，自死はしばしば「突然」
の死別として経験される。それは，死という事実
を近親者が受け入れることを難しくするだろう。
また，自死が社会的に容認されづらいという性質
から，近親者の内外で，その死の真相が伏せられ
たり，会話において避けられたりする事態も想定
される。さらに，自死が行われた方法によっては，
遺体を直接見ることが困難な場合もある。これら
の事態は，遺族にとっての自死者の死や在／不在
の認知を曖昧にする可能性がある。

　次に，自死はその定義上，本人の何らかの行い
の結果として生じる死である。それゆえ，自死は
残された者たちに，それは本人の意志だったのか，
また，どのような理由によってなされたのかとい
う問いを喚起する。あるいは，「私」が何かをす
れば，自死を止めることができたのか，翻意させ
ることができたのか。これらの点について，明確
な答えを得るには，自死した本人に尋ねるしかな
いが，本人との対話はもはや困難になっている。
そうして曖昧なままとなった自死の理由は，自死

遺族の「なぜ」という問いのさらなる繰り返しや，自死遺族がしばしば直面するとされる「故人の死の責任を誰に帰属させるか」という問題（中河，1986）を誘発するだろう。

Ⅴ　自死遺族とともに自死者に目を向ける

遺族一般が故人の夢を見るのと同様に，自死遺族もまた，自死者の夢を見ることがある。この夢について自死遺族が語るところによると，故人とうまく疎通がとれない，何回呼んでも答えない，あまり話さないなど，夢のなかでの故人との対話は困難な様子がうかがえるという（吉野，2014）。この夢のなかの出来事のように，故人（の自死）について曖昧な点を知ろうとするたびに，故人へのアクセスに失敗し続けてしまう——だとすれば，自死遺族たちは，過去の一度の大きな喪失による悲嘆が長期化するまさにその間において，喪失を今も何度も繰り返し体験していると見ることもできるのではないか。

では，上述のような理解は，第三者が自死遺族と接するにあたり，どのような示唆を与えるのだろうか。自死遺族への手引きのなかには，自死の理由を突き止められるという期待は，「回復」にあたって捨てなければならないという記述が存在することがある（たとえばSmolin & Guinan（1993/2007））。とはいえ，それは故人との関係性を断念する必要があることを意味するわけではない。実際に，自死遺族たちは，自死者のことを忘れずにいたい，忘れることが恐ろしいとさえ述べるケースがあるという（吉野，2014）。そのような自死遺族たちから，自死者（への想いや記憶）を無理に引きはがそうとすると，前述した「二次被害」を招きかねない。

その一方で，自死遺族たちは，自死者について見た夢が話題となる際に，第三者が自死者について関心を向けていることに対して，ポジティブな反応を示すという（吉野，2014）。これに関しては，曖昧な自死者の存在が，第三者からまなざされることで一時的に確かなものとなり，結果として自死遺族たちの喪失感が和らいだと見ることもできるだろう。自死遺族とともに自死者に目を向けることで，彼／彼女らがいつか自死について問う必要がなくなるまで，不確かな自死者へのアクセスの手助けをする——これは，自死遺族が「曖昧な喪失」とともに生きるために，第三者がなしうる方途のひとつであると思われる。

▶ 文献

Boss P (1999) Ambiguous Loss : Learning to Live with Unresolved Grief. Cambridge : Harvard University Press.（南山浩二 訳（2005）「さよなら」のない別れ 別れのない「さよなら」—あいまいな喪失. 学文社）

石井千賀子，左近リベカ（2012）自死による曖昧な喪失を体験した子どもと家族へのケア. 精神療法 38-4；466-472.

厚生労働省（2019）自殺対策白書（本体）(https://www.mhlw.go.jp/wp/hakusyo/jisatsu/19/index.html［2019年9月20日閲覧］).

中河伸俊（1986）自殺の社会的意味. In：仲村祥一 編：社会病理学を学ぶ人のために. 世界思想社, pp.125-146.

中島聡美（2014）自死遺族の複雑性悲嘆に対する心理的ケア・治療. 精神科 25-1；57-63.

小山達也（2014）自死遺族のメンタルヘルスニーズ. 精神科 25-1；52-56.

Shear MK (2015) Complicated Grief. The New England Journal of Medicine 372-2；153-160.

Smolin A & Guinan J (1993) Healing After the Suicide of a Loved One. New York : Simon & Schuster.（高橋祥友 監修，柳沢圭子 訳（2007）自殺で遺された人たち《サバイバー》のリポートガイド—苦しみを分から合う癒やしの方法. 明石書店）

髙木慶子，山本佳世子（2014）自死遺族の悲嘆. In：髙木慶子，山本佳世子 編：悲嘆の中にある人に心を寄せて—人は悲しみとどう向かい合っていくのか. 上智大学出版会, pp.76-89.

吉野淳一（2014）自死遺族の癒しとナラティブ・アプローチ—再会までの対話努力の記録. 共同文化社.

[特集] 人はみな傷ついている——トラウマケア

戦争・トラウマ

中村江里 Eri Nakamura

日本学術振興会特別研究員 PD（慶應義塾大学）

Ⅰ　記録に残りやすい傷と記録に残りにくい傷

19 世紀末以降のトラウマに関する医学的議論の流れにおいて，第一次世界大戦やベトナム戦争の兵士たちに見られた，精神的な後遺症が大きな影響を与えたことはよく知られている。日本の場合は，日露戦争の軍公刊の衛生史にも精神疾患の症例報告は掲載されているが，いわゆる戦争神経症[注1] を含む精神疾患兵士の治療が本格的に体系化されたのは，1937 年に日中戦争が全面化してからである。千葉県市川市にあった国府台陸軍病院は，1938 年以降精神・神経疾患のための治療機関となり，戦時中に 1 万人超の人々が入院した。また，戦争の長期化に伴い，1940 年には東京府小平市に傷痍軍人武蔵療養所が開設され，精神障がいのため兵役を免除され，療養が必要となった人々を受け入れた。

しかし，戦地で精神疾患を発症した人全てが医療を受けられたわけではない。日中戦争以降の陸海軍の戦傷病者数に関する体系的なデータは，終戦時の資料焼却や散逸のために，今日では断片的なものしか残っていないが，中村（2018）では，戦時中陸軍軍医学校が集計していた 1942 〜 45 年の戦病者に関するデータを分析した。このデータ

からは，戦地で精神疾患を発症した患者のうち，内地に送り返された患者は全体の 2 〜 3%程度であったと推定される。戦地に送られていた精神科医は数少なかったため，このなかに精神疾患と誤診された者も含まれている可能性はあるが，戦争末期に軍隊そのものが崩壊するなかで，精神疾患を発症しながら統計にカウントされなかった人々も相当数いたと考えられる。また，医療の対象となった少数の人々に関しても，当時の精神医学では，症状が長期化・慢性化した戦争神経症は，「帰郷願望」「要償願望」によって引き起こされるものと考えられていたため，外部に存在する外傷体験よりも，個人の脆弱性や逸脱性が重視されていた。

さらに，20 世紀の戦争では，軍人よりも多くの民間人が命を奪われ，外傷的な経験をした。銃後の人々も都市への無差別爆撃や広島・長崎へ投下された原爆によって壊滅的な被害を受け，旧満州・朝鮮半島からの引揚者や戦争孤児たちは戦後も苦難を強いられることになった。また，日本が侵略した中国・東南アジアや，地上戦が行われた沖縄では，住民たちの生活の場そのものが破壊され，日本軍による殺戮や略奪が行われた。広大な戦域の至るところに作られた日本軍の「慰安所」

で働かされた女性や，占領地の女性たちは，望ま
ない性行為を強いられた。こうした国内外の市民
が受けたトラウマは，そもそも医療の対象にすら
ならず，記録に残りにくいという問題がある[注2]。
民衆の戦争体験に関する数々のオーラルヒスト
リーは，こうした公的な記録に残されにくかった
人々の経験について，多くのことを教えてくれる。

　このように，トラウマには記録に残りやすいも
のと残りにくいものがあり，軍事優先で医療が再
編成される戦時中においては，民間人に比べて軍
人のトラウマは医療記録に残りやすかったもの
の，それもごく一部であるということをまず指摘
しておきたい。以下ではそれをふまえたうえで，
日本の軍隊におけるトラウマについて論じる。

Ⅱ　日本の軍隊におけるトラウマの特徴

　それでは，日本の軍隊におけるトラウマの特徴
とはどのようなものだろうか。まず，軍隊という
組織の特徴について，田中（2015）は以下の3点
を挙げている。

①暴力の行使が正当化され，男性中心の集団からな
　る国家暴力装置
②兵士の生活に四六時中干渉し，監視・教育する全
　制的施設（total institution）
③死を前提とする集団

　上記の特徴は日本軍にも当てはまるものだが，
日本軍の特徴については，藤原（2014）が以下の
3点を挙げている。

①アジア諸国民への差別意識
②自国の軍隊構成員の生命の軽視
③服従の強制と「君主無答責」の責任体系

　これらの特徴は，日本軍におけるトラウマが，
どのような文脈で生じ，受け入れられるのか／受
け入れられないのかに関わってくるだろう。

　まず，軍隊は国家権力によって正当化された暴
力装置だが，市民社会では否定された暴力を行使
できるような「兵士になる」ことが求められる。
また，男性中心に編成された近代国家の軍隊の場
合，暴力はしばしば「男らしさ」と結びつき，称
揚される（田中①）。一方，徴兵検査で不適格と
されたり，戦場や兵営での暴力に耐えられない者
たちは，「女々しい」という烙印を押されること
になる。

　次に，暴力は「敵」との戦闘だけでなく，軍隊
内部でも行使される（田中②，藤原③）。「地方」（軍
隊から見た一般社会の呼称）から入営したばかり
の新兵を均質化された兵士に作り上げていくため
の手段として，日本軍の内部で広範に見られた「私
的制裁」は，「全制的施設」としての軍隊内での
暴力という点で他の近代諸国家と共通していると
も言えるが，天皇の名を借りた古参兵による「愛
の鞭」として正当化された点が日本特有だろう。
また，アジア・太平洋戦争期の日本軍では，知的
障がいを持った兵士や心身の疾患を抱えた兵士た
ちも多数動員され，新兵とともに「私的制裁」の
対象になりやすかった。こうした軍隊内部での苛
烈な暴力によるトラウマの多さも，日本軍の特徴
と言えるだろう。

　しかし，戦前の日本では天皇の「神聖不可侵」
を原則とし，天皇の責任を問うことができない
「君主無答責」の建前だった。全ての行為は指揮
命令系統に基づき，兵士には徹底的な服従を強制
しながらも，最高責任者である天皇は責任を問
われないという無責任極まりない体系であった
（藤原③）。近年の米軍では，戦争の大義や軍に対
する疑問から，「モラル・インジャリー（moral

注1）戦争神経症とは，体に目立った外傷がないにもかか
　　わらず，手足の震えや麻痺，声が出なくなるなどの症状
　　を見せた人々に用いられた疾患分類である。
注2）現代の戦争でも同様の問題が指摘できる。アフガニ
　　スタン・イラク帰還米兵のPTSDについては，不充分
　　ながらも医療・福祉体制が整備されているのに対し，高
　　遠（2019）は，「対テロ戦争」が生んだ暴力の連鎖はイ
　　ラクの人々に大きな心の傷を残し，ケアが圧倒的に不足
　　する現状を指摘している。

injury)」に苦しむ兵士のことが問題化している
が[注3]．特に価値観が180度転換したと言っても
良い戦後の日本社会を生きた元日本兵の中にも，
「軍上層部や国家（天皇）によって裏切られた」
という気持ちがかなり広範に燻っていたように思
われる。

　また，軍隊は死を前提とする集団ではあるが，
日本軍の場合は，「軍人勅諭」（1882）や「戦陣訓」
（1941）によって，国家や天皇のために勇ましく
戦死することを至上命題とし，捕虜になることす
ら禁じたという点で，兵士の人権と生命は徹底的
に軽視されていたと言える（田中③，藤原②）。
こうした価値観は，「死に損なった」兵士や，戦
傷と比べて戦闘との因果関係が見えにくい戦病，
とりわけ精神疾患になった兵士たちに，強い恥の
意識を植えつけることになった。

　最後に，侵略戦争に参加した日本軍兵士の場合
は，被害だけでなく加害行為によるトラウマも抱
えることになった（藤原①）。

III　何が語られ，何が語られなかったのか ——戦時下の病床日誌から

　筆者はこれまで，戦時下の国府台陸軍病院や，
一般の陸軍病院で作成された病床日誌（カルテ）
や，戦後の民間精神病院の入院記録に残された精
神疾患兵士の記録を調査してきた。これらの記録
を読んでいると，アジア・太平洋戦争期の日本社
会において，いかにトラウマが「語りにくい」構
造があったかが浮かび上がってくる。

　まず，軍の公式の立場としては，精神的にも強

靭な「皇軍（天皇の軍隊）」では恐怖や不安を原
因とする戦争神経症など発生しないという前提が
あり，新聞報道などでは患者の存在が隠蔽された
（中村，2018）。このような状況下で，患者が自身
の「恐怖」について安全な環境で語ることは困難
であった。

　また，国家のために死ぬことを最優先し，徹底
的な服従を兵士に求める「皇軍」のエートスは，
軍のプロパガンダだけでなく，戦争神経症の患者
の外傷的な経験に対する周囲の評価や自己認識に
も影響を与えた。

　中国の山東省で発病したある上等兵は，戦闘で
部隊の多くの戦友を失い，辛うじて帰ってきたが，
中隊長に「なぜ死んで来なかったか」と言われ，
「一時死に度い様な気持となって」，気力を失って
しまったという（細渕・清水，2016）。トラウマ
を生き延びた者の生存者罪悪感は，名誉ある戦死
以外を許さない日本軍において，より強化されて
しまったと考えられる。

　さらに，多くの患者は自らを「国賊」と認識し
ており，生き残ったことだけではなく，精神疾患
を発症したことに対する強い罪責感を抱いてい
た。彼らの感じていた「恐怖」は，戦闘や私的制
裁などの戦争・軍隊経験に直接起因するものだけ
ではなく，「戦時下において精神を患ってしまい，
軍務をまっとうできなかった」ことによる「社会
的死」に対する恐怖をも含んでいたように思われ
る。

　最後に，加害によるトラウマについては，そも
そも加害行為自体が語りにくい構造が存在した。
戦時中は戦地での加害行為が明るみに出ないよう
緘口令が敷かれ，報道統制が行われた。また戦後
は，中国帰還者連絡会など加害証言を行った人々
に対する戦友会からの圧力や「反共」バッシング
が行われた（岡部ほか，2010）。戦後多くの復員
兵が戦争についてほとんど語らなかったことはよ
く指摘されるが，それは亡くなった戦友に対する
負い目とともに，戦争体験には被害と加害が混在
していることに大きな原因があると考えられる。

注3）アメリカの Veterans for Peace で Military Trauma
　Working Group のコーディネーターを務める Sam
　Coleman は，PTSD の元兵士は，軍にいる間に，「裏切
　られた」という感情を持つと指摘している。裏切りの原
　因は，「入隊勧誘時のウソ，吹聴される軍のイデオロギー・
　理想が現実と異なること（例「軍はあなたの家族です」），
　戦争する理由や，どんな戦争なのか，使用される武器に
　関するウソ，全く無能な上司，パワハラやセクハラを含
　む権力乱用など」多数ある（2018 年 6 月 10 日に早稲田
　大学で開催されたシンポジウム「私たちが知るべき戦争
　のリアル——日米兵士たちの PTSD」での報告）。

以上，本小稿では戦時中の状況を中心に述べてきたが，戦後はこうした医療記録そのものがまとまった形で残されているとは想定しにくく，回想録や新聞投稿，戦争に関するさまざまな創作物や民話など，むしろ医療化されない形でトラウマを表現したものに目を向けることが重要になるだろう。

▶ 文献

藤原彰（2014）天皇の軍隊と日中戦争．大月書店．

細渕富夫, 清水寛 編（2016）精神障害兵士「病床日誌」（第1巻）．六花出版．

中村江里（2018）戦争とトラウマ—不可視化された日本兵の戦争神経症．吉川弘文館．

岡部牧夫, 荻野富士夫, 吉田裕 編（2010）中国侵略の証言者たち．岩波書店．

高遠菜穂子（2019）命に国境はない．岩波書店．

田中雅一 編（2015）軍隊の文化人類学．風響社．

[特集] 人はみな傷ついている──トラウマケア

傷とアジール
ハンセン病療養所生活者の戦後史から

有薗真代 Masayo Arizono

龍谷大学社会学部

I　戦場のアジール

現代社会は不寛容で閉塞的な空気に覆われている。個人間の競争や自己責任が過度に強調される風潮のなかで，人々は分断され，評価や否定，非難や攻撃にさらされ，しばしば深刻な意味喪失や相互不信に陥る。福祉と社会保障にかかわる財政削減や市場化の荒波のなかで，孤独と困窮に苛まれている人も少なくない。家族は機能不全に陥りやすく，学校や地域や労働現場における共同性にも期待はできない。松本卓也は 20 世紀末以降の社会を「『生き延び』が全面化した総アサイラム状態」と指摘し，中井久夫は 21 世紀を「ますます傷だらけの世界」と表現している（松本，2019 [p.55]；中井，2019 [p.234]）。

現代社会は戦場のようであり，そこで生きる私たちは傷だらけの兵士だ。

こうした時代認識をふまえて拙著『ハンセン病療養所を生きる──隔離壁を砦に』（有薗，2017a）では，極限状況を生き抜いてきたハンセン病者の歴史を参照しながら，戦場のような日々のなかで互いの傷を癒し，暮らしのなかに再び自由と平和を取り戻していくための方策について考えた。

トラウマによる精神障害は，基本的には医学的・臨床心理学的な現象とみなすべきだろう。しかし，たとえば Kai Erikson（エリクソン，2000）が明らかにしたように，これを社会学的現象として捉えなおすことも有効である。さらには，医師やセラピスト不在の日常的な生活世界のなかで，他者との相互行為を通じて寛解しているケースも，可能性として存在しうる。

以下では，日本のハンセン病療養所入所者（本稿では「入所者」あるいは「療養所生活者」と表記する）の戦後史を参照しつつ，療養所（アサイラム）をアジールへ──傷を癒す場として，さらには社会変革の拠点として──作り変えてゆく力学について記述してみたい。

II　スティグマの脱構築
──負性の破壊，受動と能動の反転

1　ハンセン病療養所の生活文化と「病いの語り」

ハンセン病療養所では，戦後から 1970 年代にかけて，サークル運動を通じて詩や随筆などの文芸活動が盛んになされた。入所者たちは仲間どうしで「書け，書きなぐれ」という言葉を挨拶のように交わしながら，自らの受難を作品へと昇華させた。視力を失った患者のために，病棟では互い

の作品を声に出して読み合う輪読がなされた。作品を創り音読する習慣は現在にも引き継がれており，筆者の調査時にも，一室に数人の文学愛好者が集まってきて，おもむろにポエトリーリーディングが始まったことが幾度かあった。

　また，筆者は調査時に，療養所内の一部屋に入所者たちが集い，オープンダイアローグと似た形式で「病いの経験」（クラインマン，1996）を語り合っている場面にしばしば遭遇した。こうした場は計画的に設けられているわけではなく，円卓でお茶を飲んでいるときや，縁側で紫煙をくゆらせているときなどに，偶発的にそのような雰囲気がつくられる。

　このように日本のハンセン病療養所には，同じ病をもつ人々が集まって，長い年月にわたって暮らしを共にするなかで培われてきた，独自の生活文化がある。療養所外の一般社会では，ハンセン病に特有の身体的症状および後遺障害は，差別や迫害を誘発するスティグマになりやすい。しかし，同病者がともに暮らす療養所内において，症状や障害は負性を示す「徴」ではなく，相互理解や相互扶助のための共通基盤となる。

2　「らいをうつすぞ」

　かつてのハンセン病療養所では，こうした日常的かつ集団療法的な癒しとは別に，より破壊的／創造的なかたちで，社会的スティグマやトラウマ的出来事など「受苦の経験」（受動性を強いられていること）からの脱却が図られることもあった。一例として，入所者があえて「らい」を自称する場面について考えてみたい。

　ハンセン病に対する世間の偏見が今よりも強かった時代には，療養所入所者は外出時にしばしば，差別や暴力の被害に遭いそうになることがあった。そのときの自衛策として，「らいをうつすぞ！」と言って加害者を遠ざけていたと数人の入所者から聞いたことがある。

　また，1953年「らい予防法闘争」の際，国会前の座り込みに参加した療養所入所者たちは，暴行を加えようとする警官に対して「らいをうつすぞ！」と言いながら痰やツバを吐くことによって応戦している。この「ツバキ戦法」は，らい予防法闘争の座り込みに参加していた人に当時のことを尋ねると，必ずといってよいくらいに語られるエピソードである。

　この戦法は「らい」という病名が負ってきた恐怖のイメージをあえて忠実に体現したものであり，ここには受動と能動の反転がある。かれらは「らい」と名指されることによって，仕事と家族を奪われ，故郷から離され，人間らしく生きる権利のすべてを剥奪された。さらにこの病名は，病んだ身体の内側へと折り返され，患者自身を蝕んでいく呪縛の言葉でもあった。かれらは，この病に徴づけられた負性を，まさにそれを破壊するかのように戯画的に模倣し，非ハンセン病者である人々の側に投げ返したのである。

3　療養所の聖域化──アサイラムからアジールへ

　ハンセン病療養所で発刊された機関紙やサークル誌などを見ていると，入所者がハンセン病療養所をあたかも守るべき聖域のごとく表現している文章を目にすることがある。療養所運営予算の削減や，療養所の統廃合の兆しを捉えたとき，入所者たちは強制される移動と変化に対して「動かない」「現状を維持する」ことを宣言している。かれらは隔離政策のもとで強いられた「動けない（移動の自由が認められていない）」という受動的な条件を，ときに，「動かない」という能動的な手段として取って返すことによって，病者の生存権をないがしろにする当局側の要求をはねのけ，自らの住処である療養所を守ってきた。ここにも受動と能動の反転がある。

　入所者たちは自らに強いられた条件を手段へと取って返し，それによって，苛酷な生活環境と制度を少しずつ変えていった。かれらは権力の側から押しつけられた境界線を，自分たちの側から引き直すこと──アサイラムをアジールへと作り変えること──によって，療養所という場所そのも

のを，隔離政策のもとで抑圧された状況からみずからを解き放ち，強いられたものとは別の生の形式をつくりあげてゆく，そういった能動的な意志によって創出される集合的な場へと転換していったのである。

「アジール」においては，人は自らを苛酷な現実から切り離すことができる。アジール論の古典とされる Ortwin Henssler（ヘンスラー，2010）の『アジール』では，アジールとは，ある人間が持続的あるいは一時的に「不可侵な存在」となりうる時空間を指すものとされている。また網野善彦（1996）は，世俗の権力から自律した「自由と平和」の原理によって編成される時空間を指すものとして「アジール」の語を使用している。

そこでは，現実の夜露をしのぎつつ傷を癒すことができる。病と社会的排除という二重の苦難を負ってきた人々こそ，世俗を切断することによって得られる新たな生を，最も必要としていた。

III 「生の躍動（élan vital）」と回復

療養所生活者たちは自らの置かれた歴史的・社会的条件とわたりあいながら，自己と他者の生を豊饒化する実践を脈々と続けてきた（事例の詳細については有薗（2017a））。それは，収容所的空間としての「アサイラム」で病者に強いられる画一的な生の形式を複数化させる実践でもあった。かれらはこれらの実践を通じて，受動的で否定的な生の形式を内破させ，療養所という「アサイラム」を，別の能動的で肯定的な生の形式の基盤となる「アジール」に転じていったのである。

かれらの実践は，つねに生真面目で堅実なものだったわけではない。痛快な頓智が効いていたり，ときには野性的な荒っぽさもあった。一見すると無意味な戯れにしかみえない実践もあった。しかしそれによって，閉塞的で陰鬱な療養所暮らしのなかに「生の躍動（élan vital）」（ベルクソン，2010）と癒しがもたらされ，現実を良い方向に変えてゆく力がうまれた。

ハンセン病療養所の戦後史を踏まえて提示され

た，この「療養所＝アサイラム／アジール」概念が，ハンセン病の歴史社会学を離れて，たとえば臨床心理学や文学・障害学の論考のなかでしばしば参照され，同時代的な文脈のなかに再定位されていることに鑑みると[注]，療養所生活者たちの実践知は，21世紀になって新たな価値と生命を得たといえるかもしれない。冒頭で述べたように，現代社会は「総アサイラム状態」であり，そこで生きる私たちは傷だらけの囚人なのだ。かつて療養所生活者によってなされた実践群は，時代を超えた今もなお，自らに強いられた不遇と不自由を逆手にとって状況を肯定的なものへと転じてゆくための，有効な方途を示唆しているように思える。

注）筆者が「療養所＝アサイラム／アジール」概念を最初に提示したのは，2014年に『社会的包摂／排除の人類学』に寄稿した拙論（有薗，2014）である。この論点は，2017年に上梓した『ハンセン病療養所を生きる』（有薗，2017a）や『世界』『現代思想』に寄稿した拙論（有薗，2016，2017b）でさらに深められることになった。

精神科医の松本卓也は『現代思想』誌上の対談において，拙著『ハンセン病療養所を生きる』に論及している。松本は，従来のハンセン病療養所への視線が，死の欲動と表裏一体の「垂直方向のもの」に偏ってきたことを踏まえながら，患者たちの「動かない／動けないこと」に根差した水平的な連帯に基づく生の希求のあり方を示したものとして，筆者の仕事を評価している（信田・松本，2018［p.75］）。文学・文化研究者の河野真太郎は，拙著に論及しながら，障老病者の脱施設化運動が掲げてきた「動くこと／脱出すること」がグローバリズムの論理に取り込まれつつある時代にあって，ハンセン病療養所入所者の「動かない／動けないこと」ことに根差した集団的実践が大きな意義をもつことを指摘している（河野，2019）。

また精神科医の宮地尚子は，筆者が2018年に東京で行った講演（有薗，2019）と座談会（有薗・宮下・宮地ほか，2019）に参加し，その後に別の座談会で筆者の「アサイラム／アジール」概念に言及している（宮地・佐藤・宮下，2019［p.49］）。臨床心理学者の東畑開人は，近著『居るのはつらいよ』の終章のタイトルをまさに「アジールとアサイラム」と題しているが，脱施設化運動のひとつの帰結として産み出された「アジール」＝デイケアが，収容所的なアサイラムへと堕していく現代的状況について，筆者の論点を応用するかたちで論じている（東畑，2019［pp.294-307]）。

▶文献

網野善彦（1996）無縁・公界・楽—日本中世の自由と平和.
　平凡社ライブラリー.

有薗真代（2014）脱施設化は真の解放を意味するのか.
　In：内藤直樹，山北輝裕 編：社会的包摂／排除の人類
　学—開発・難民・福祉. 昭和堂，pp.228-240.

有薗真代（2016）施設で生きるということ—施設生活者の
　戦後史からみえるもの. 世界 887；49-55.

有薗真代（2017a）ハンセン病療養所を生きる—隔離壁を
　砦に. 世界思想社.

有薗真代（2017b）この島の土になる—解毒剤としての社
　会調査. 現代思想 45-21；180-193.

有薗真代（2019）座談 活動を振り返って—第1部 ハンセ
　ン病療養所を生きる. In：特定非営利法人アートフル・
　アクション 編：わたしの人権の森. 特定非営利法人アー
　トフル・アクション，pp.26-29.

有薗真代，宮下美穂，宮地尚子ほか（2019）座談 活動を
　振り返って—第2部 学校がミュージアムだったら，学
　びはどう変わるか. In：特定非営利法人アートフル・ア
　クション 編：わたしの人権の森. 特定非営利法人アー
　トフル・アクション，pp.30-39.

アンリ・ベルクソン［合田正人 訳］（2010）創造的進化.
　ちくま学芸文庫.

カイ・エリクソン［下河辺美知子 訳］（2000）トラウマ
と共同体に関する覚書. In：キャシー・カルース 編：
　トラウマへの探究—証言の不可能性と可能性. 作品社，
　pp.271-297.

オルトヴィン・ヘンスラー［舟木徹男 訳］（2010）アジー
　ル—その歴史と諸形態. 国書刊行会.

河野真太郎（2019）文化と社会を読む. 批評キーワード
　辞典 reboot—障害. 研究者WEBマガジン LINGUA
　（http://www.kenkyusha.co.jp/uploads/lingua/prt/19/
　keyword1905.html［2019年9月3日閲覧］）.

アーサー・クラインマン［江口重幸，上野豪志，五木田紳
　訳］（1996）病いの語り—慢性の病いをめぐる臨床人類学.
　誠信書房.

松本卓也（2019）他者との関係性からみた「生きづらさ」.
　臨床心理学 19-1；54-58.

宮地尚子，佐藤李青，宮下美穂（2019）座談 切実さをもっ
　て切実さと出会う. In：特定非営利法人アートフル・ア
　クション 編：わたしの人権の森. 特定非営利法人アー
　トフル・アクション，pp.40-56.

中井久夫（2019）中井久夫集9 日本社会における外傷性
　ストレス. みすず書房.

信田さよ子，松本卓也（2018）斜めに横断する臨床＝思想.
　現代思想 46-1；67-86.

東畑開人（2019）居るのはつらいよ—ケアとセラピーにつ
　いての覚書. 医学書院.

[特集] 人はみな傷ついている──トラウマケア

カルト・脱カルト

櫻井義秀 Yoshihide Sakurai

北海道大学

I　オウム事件と死刑

　2018年7月6日に，地下鉄サリン事件(1995年)，松本サリン事件（1994年），坂本弁護士一家殺害事件（1989年）他の裁判において判決が確定していた松本智津夫，早川紀代秀，井上嘉浩，新實智光，土谷正実，中川智正，遠藤誠一の死刑が執行された。7月26日には，実行犯であった小池(林)泰男，豊田亨，端本悟，広瀬健一，宮前（岡崎）一明，横山真人への執行があった。

　死刑の執行が遅れていた理由は，16年近く逃亡していた信者の菊地直子，平田信，高橋克也が相次いで逮捕され，3名の裁判において実行犯の証言が求められたからである。高橋の無期懲役が2018年1月に最高裁で確定したことにより，20年近く拘置されてきた実行犯の処刑は時間の問題となっていた。

　同年6月4日に著名ジャーナリスト・評論家・学者を呼びかけ人（青木理，雨宮処凛，大谷昭宏，香山リカ，佐高信，鈴木邦男，田原総一朗，宮台真司，森達也，安田浩ら）とし，これまた社会的影響力のある弁護士・社会活動家・作家・学者・芸術家（奥田知志，海渡雄一，小林節，小室等，是枝裕和，佐藤優，篠田博之，田口真義，津田大介，

中村文則，平岡秀夫，山口二郎，吉岡忍ら）を賛同人とする「オウム事件真相を究明する会」が結成され，共同記者会見やシンポジウムを開催した。

　会の主張は，①教祖の麻原彰晃こと松本智津夫の証言が得られていない（東京地裁公判途中から証言拒否，以後，精神錯乱ぶりを詐病とするか訴訟能力のない状態と鑑定するかで論争があった），②オウム真理教自体が明らかにされていない，③死刑により事件終結とはならないということだった。実際，松本智津夫の弁護団は弟子の暴走説を主張し，検察がいう共謀共同正犯としての教祖による弟子への示唆・指令の威力を過小評価してきた。現役信者のなかには国家による陰謀論をとなえたり，学者のなかには戦前の大本教弾圧事件とオウム真理教事件の共通性まで類推したりするものもあった。NHKは戦後のエポックとなりながら，いまなお真相は未解明のまま時代の病理となった難事件として，オウム真理教事件を2012年に報道している。そのうえ，錚々たる顔ぶれの識者が，事件の真相は明らかにされていないというのであれば，多くの人々はそうなのかと考えるだろう。

II　マインドコントロールとカルト

　私は，オウム事件に対するマスメディアや識者のあり方に懸念を抱いている。約20年間に及んだ公判記録や判決文を読む限り，松本智津夫が直接的に真相を語ることがなくとも，死刑に処せられた弟子たちの膨大な証言や証拠物件によって起訴されたオウム事件はほぼ明らかになったのではないか。起訴されなかった事件，失踪したままの信者の行方，および教団の諸活動の全貌がすべて明らかにされていないことは事実である。しかし，教祖や教祖家族，幹部信者たちが明らかにしないことがあり，事件に関わる限りでの捜査である以上，オウム真理教のすべてがわかるわけではない。

　真相究明という自己の関心や報道の使命を掲げ，それが達成されないことをオウム事件の最大の課題というが，明らかにされてきたことからどのような課題が見えてくるのかを考えるほうが重要ではないだろうか。現段階においても実行犯の手記や元信者の証言から，どのようにしてオウム真理教に入信したのか，苛烈な修行（およびそれによる心身の疲労と神秘体験），薬物利用やワークと呼ばれた特殊なミッションや活動を通して信者のリアリティが変容したこと，殺人を教義上肯定し実行するに至った心理背景や対人的圧力などは十分明らかにされている。

　作為的で過度の精神操作が「マインドコントロール」として問題化され，このような教化活動を常習的になす宗教団体の組織的特徴が「カルト」として強調されたのである（櫻井，2014）。カルトの問題こそ，未解決のままである。

　オウム真理教は宗教法人の認証を取り消され，1999年から観察処分を受けたまま現在も存続している。後継団体である「アレフ」と「ひかりの輪」には1,650人を超える信者（ロシアには他に約460人の信徒）がいて，SNS（インターネット）を用いたり，街頭で声かけをしたりして若者や市民を勧誘している。アレフの祭壇には松本智津夫の写真が飾られて開祖として崇拝され，教祖ファミリーがその血筋のカリスマによって教団の継承と拡大を図っているのである（公安調査庁，2019）。

　アレフにどう対応するのかということこそ，実は大学教育や地域社会の喫緊の課題である。今年でオウム真理教が起こした地下鉄サリン事件から24年目になる。今の大学生の大半はまだ生まれていない。壮年世代でも関係者を除き，事件の記憶は風化しつつある。そうしたなか，キャンパス内や地域社会においてアレフやひかりの輪の勧誘活動にどう対処したらよいのだろうか。

　ここで布教と言わずに「勧誘」という言葉を使うのは，正体を隠して対象者に接触し，信頼関係ができたところで道場やセミナーに連れて行くという活動目的の秘匿があるからである。この正体を隠した勧誘・教化こそ，マインドコントロールでいう情報操作や情動の利用に相当する。

　霊感商法や正体を隠した勧誘の事件により各地の訴訟で違法判決を受けた統一教会（「世界平和統一家庭連合と改称」）は，相変わらずセミナーや先祖の解怨で市民を勧誘し，不安を煽って高額献金を迫っている。国内の被害は1987年以来1,166億円を超えている（全国霊感商法対策弁護士連絡会HP（https://www.stopreikan.com/［2019年11月13日閲覧］）「霊感商法の実態」）。

　そのほか，教祖や幹部が暴力行為や詐欺事件で服役した団体でも，残存信者が別団体を立ち上げたり，別種のネットワーク・ビジネスや自己啓発セミナーを主催したりして生き延びていくケースが少なくない。

III　大学のカルト対策

　カルト団体の勧誘や教化を座視できないというのが私の立場である。正体を隠した勧誘活動の違法性は明白である。信教の自由は布教する側の権利であると同時に，布教される側の権利でもある。情報が操作され，誤認させられ，正常な認識・判断ができない状況に追い込む行為は，学生や市民の信教の自由を侵害している。

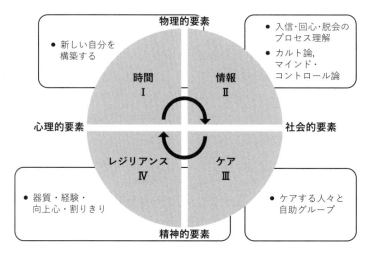

図　脱退後の精神的回復のために必要なもの

また，学生がカルト団体に入信してしまうと，大学で講義される人文・社会科学や自然科学以上に，当該団体の教えを真理として信奉し，独善的な活動を世のため人のためと称して実践するようになる。オウム真理教が行ったポワは，真理を悟らないものが悪行を犯し，業を深めるのをやめさせて天界に魂を還す慈悲の行為とされ，無辜の人々が殺害されていったのである。これは極端にしても，一般市民の資産収奪を神様のために行った統一教会信者の心理なども，学校教育で涵養されるべき市民的倫理観や正常な判断能力を弱められた例である。

私は勤務校で約30年近くカルトに巻き込まれる学生や保護者の相談に応じてきた。新入生に対しては「カルトにご注意」というオリエンテーションや，求められれば特別のガイダンスなどを行っている。それは何よりも学生が大学に入った初心である学びの意思を尊重し，学生に教養と知識を教授し，人間としての成長と社会性を身につけることを期待しているからである（櫻井・大畑，2012）。

Ⅳ　カルト対応の３段階

大学のカルト対応は，①予防，②現場の対応，③予後の対応の３段階に分けられる。

①予防は最も簡便にして効果も高い。学部や大学院の新入生にオリエンテーションを30分行うだけで効果はまったく違う。大学は学生と在学契約を結んでおり，学生の生命・身体・精神に対しての安全配慮と，学習のための良好な環境整備を行う義務がある。大学が注意喚起を行わなかったために学内で勧誘され，カルト団体に入信してしまった結果，留年や中退，当初の勉学や就職の希望も叶わなかったとなれば，当人や学資支援者から損害賠償請求の訴訟が起こされないとも限らないのである。

②現場の対応は大学の教職員の手に余るが，弁護士や警察とも連携して問題の改善に努めるしかない。カルト団体といえども，入信を理由に当該学生を退学させることはできない。正体を隠した勧誘活動を学内で行うのであれば，再三の注意の後に懲戒を与えることもありえる。しかし，加害者のように見える学生も，１年前は正体を隠した勧誘によって入信した一般学生かもしれない。被害者でもある。何よりも教育を受ける権利のある学生なのだから，その学生なりの困りごとについては相談に乗り，長い時間をかけて当該の団体以上に心配している親や教職員，カウンセラーがいることに気づいてくれるまで待つしかない。カルト団体の活動によって疲弊し，疑問をもつなど機

表　レジリエンスの特性と獲得方法（田（2009）[p.82] より作成）

	特性	要素	獲得方法
1	前向きな姿勢	楽観主義とユーモア	一部遺伝だが，学習可能
2	積極的対処	解決策の模索と感情の制御	断念，リスクの低減を工夫
3	柔軟な認知	逆境に意義・価値を見いだす	失敗は成功の元と考える
4	倫理基準	人生の指針，宗教的信念	利他主義は幸福感を増す
5	運動	自尊心や忍耐心	定期的な身体活動を行う
6	社会的支援	よき相談者と手本となる人物	人間関係を豊かにする

が熟した段階で，ようやく当人の申し出によるカウンセリングが始まる。

　③予後の対応は，現場の対応以上に時間のかかる作業になり，幸いにしてカルト団体を卒業前に脱会したとしてもおそらくは10年単位の時間を要する。脱会後の精神的回復のために何が必要なのかを考察したのが前ページの図である（櫻井，2015）。

　カルトからの物理的離脱は精神的離脱を必ずしも意味しない。青年期や壮年期の貴重な時間を無駄にし，自分や家族の資産を費消した後悔，反社会的な活動に従事した強烈な自責の念，長期にわたるフラッシュバックや精神的不調を克服するには長い時間がかかる。

　私はカウンセラーや脱会者への聞き取りを通して，時間，情報，ケア，レジリアンスの有無によって回復のプロセスや期間が異なってくるのではないかと考えている。

①時間：カルト団体への怒りや失った青春への悲しみなどを消化するには喪の期間が必要である。
②情報：カルトとはどういう組織か，精神操作はどのようになされたのかを知ることで，自分がカルトに巻き込まれたきっかけを理解でき，脱会して良かったと確信できる。
③ケア：カウンセリングと自助グループへの参加を通して自分の心的傾向に気づき，安心できる場を確保できる。
④レジリアンス：カルトの経験をマイナスとだけ捉えず，その経験から学べたことを自分の人生に意味あることと考える柔軟なこころの働きが重要である。

Ⅴ　レジリアンスこそ最大のカルト予防

　カルト問題に巻き込まれた人たちに30年くらい関わってきて，レジリアンスこそ回復の鍵であると同時に，予防の核となるのではないかと思うようになった。逆の言い方をすると，カルト団体に長期に属するとレジリアンスを奪われていく。

　表にレジリアンスの特性とその獲得方法を挙げている。よく見ていただきたい。日常生活をばかにせず，1日1日を大切にし，家族や友人，多くの人との交わりを楽しむことこそ，カルトが最も忌み嫌う非カルト的パーソナリティを培う。その意味で学生相談の基本がカルト予防・回復の肝である。

▶ 文献
田亮介（2009）PTSDにおけるレジリアンス研究．In：加藤敏，八木剛平 編：レジリアンス—現代精神医学の新しいパラダイム．金原出版．
公安調査庁（2019）内外情勢の回顧と展望」平成30（2018）年1月．公安調査庁（http://www.moj.go.jp/content/001252041.pdf [2019年11月11日閲覧]）
櫻井義秀（2014）カルト問題と公共性—裁判・メディア・宗教研究はどう論じたか．北海道大学出版会．
櫻井義秀 編（2015）カルトからの回復—こころのレジリアンス．北海道大学出版会．
櫻井義秀，大畑昇 編（2012）大学のカルト対策．北海道大学出版会．

［特集］人はみな傷ついている──トラウマケア

受刑者の痛みと応答
映画「プリズン・サークル」を通して

坂上 香 Kaori Sakagami

NPO 法人 out of frame 代表／一橋大学客員准教授

「どうやって『私は』と言えばいいのか？
誰が言うのか？　誰に言うのか？」
カロリン・エムケ（2019）

Ⅰ　語るための前提

　筆者は，国内初の刑務所内更生プログラムを舞台にした，ドキュメンタリー映画「プリズン・サークル」（以下，「プリズン」）を製作した。そこに登場する，受刑者D（傷害致死で服役）の言葉から，本稿を始めたい。

　全てが初めての経験ですよね。たとえば番号で呼ばれたり，前の人とかがボロクソ言われたり，罵倒されたりしているのを聞いてると，僕も「立場的には自分もあの人たちと同じなんだな」って。せめて罵倒されたくないとか，せめて恥かきたくないとか。もうそこまでなってくると被害者にどうのこうのとか考えなくなってくるんですよね。自分がこんな状態だから。

　この国では，容疑者になった途端，過度な規律と管理下に置かれ，粗雑に扱われる。呼び捨てにされ，命令され，番号になる。そして，自らを語ることを禁じられる。罪を認めたり，反省を語ること以外は，全て「弁解」と捉えられ，聞き入れられない。結果，自分の身を案じることで精一杯になり，他者の痛みには目が向かない。Dの言葉は，そのことを端的に言い表していると思う。

　ただし，これは，2年間にわたる筆者とのインタビューの，最終日に語られた言葉であることを強調したい。

　語ることを禁じられてきた彼らが語れるようになるには，時間も，プロセスも，信頼関係も必要である。加えて，撮影にはいつも複数の刑務官が立会うため，常にリスクが伴う。Dが語る罵倒した張本人ではなくとも，彼らは罵倒する側の立場であり，よってDの発言は問題視され，懲罰の対象になりうる。撮影しながら筆者もハラハラしていた。しかし，そうまでして語りたかったことなのだということも理解した。

　こうして，語る前提に注目しながら，本特集号のテーマ「人はみな傷ついている」を考えてみるとどうなるか。

　まず，この場合の「人」には，罪を犯し，刑務所に服役する「受刑者」も含まれているだろうか？　他者を傷つけた受刑者に，痛みは結びつくだろうか？　さらに，痛みは語りえないし，語られる必

要もないと思い込んでいないだろうか？　それ以前に，受刑者の痛みを認めてしまうと，罪が帳消しになると恐れてはいないか？

II　沈黙の矯正文化

　筆者が初めて国内の矯正施設を訪れたのは，1990年代初頭のことだった。訪問するたびに，驚かされたことがある。それは，過度な規律と沈黙，そして現場職員間に浸透していた加害者の被害者性を認めることへの拒絶反応だった。

　「日本の刑務所で最も特徴的なのは沈黙である」（Human Rights Watch, 1995［p.vi］）と国際的に批判された日本の矯正施設は，まさに「沈黙の文化」に包まれていた。誤解を恐れずに言えば，そこでは「沈黙＝反省」で，受刑者の被害者性を認めることは沈黙を破るのに等しい。「日本はアメリカほど酷くない」「日本独自のやり方がある」などの言い訳も常に用意されていた。

　こうしたなかでは，当然，受刑者は「痛みを伴う存在」とはみなされない。だから受刑者本人は，痛みから目をそらすほかない。その結果，痛みは誰からも認識できなくなる。痛みはしかし，さまざまな形で漏れ出る。ただし，痛みと認識できないような痛みを，誰がすくい取ろうとするだろうか。

　冒頭のEmckeによる問いは，言葉と主体性を奪われた，ナチスの収容所体験者を想定して書かれたものであるが，これをこの国の受刑者にあてはめてみる。

　罪を犯した身であるがゆえに，私（痛みを伴った存在）を語るということが禁じられている私は，いかに伝えればいいのか？　いったい私の痛みを，誰が代弁してくれるのか？　はたまた，誰が耳を傾けてくれるのか？

III　応答する場の誕生

　30年近く経った今も，正直，問題の否認や沈黙を強いる文化は根強く残っている。それは，この日本社会全般に共通する文化でもあるからだ。

しかし，一部ではあるが，変わりはじめているのも事実である。

　「プリズン」の舞台となった島根あさひ社会復帰促進センター（以下，島根あさひ）は，後者の事例にあたる。2000年代後半に建てられたPFI（Private Finance Initiative）方式と呼ばれる官民共同の刑務所のひとつで，とりわけ更生に重きを置いていることで知られている。

　その運営は施設によって異なるが，民間との連携によって柔軟性が増し，警備と処遇の分離や，独自の更生プログラムの導入・開発などを可能にした。また，更生を受刑者に義務づけるようになった，2006年以降の刑事施設の処遇に関する一連の法律とも深く関係している。

　「プリズン」は，この島根あさひ内で始まった「TC（セラピューティク・コミュニティ）ユニット」が舞台である。TCとは，原語（Therapeutic Community）の頭文字であり，日本では「治療共同体」と訳されてきたが，正直ピンとこない人が多いのではないか。TCは1940年代に英国の精神病院で始まったが，その後，米国や欧州各地にも広まり，医療（治療）を超えた，さまざまな場や領域で展開している。その定義もさまざまだが，端的に言うと，同じような問題を抱えた人々が，問題の根本原因を探り，人間的成長を促し合うことで，結果的に問題も解消していくという発想で運営されている。

　TCユニットが手本にしているのが，米国の回復共同体を代表するアミティ（Amity Foundation）である。1981年にアリゾナ州のツーソンで活動を開始した，薬物依存症者の回復施設で，実際は薬物に限定せず，暴力傾向が強いなどさまざまな問題を抱える人々を対象としている。元受刑者などの当事者スタッフが中心に運営することでも知られ，その活動は，筆者が監督した映画「Lifers ライファーズ——終身刑を超えて」（2004／以下，ライファーズ）に詳しい。

　島根あさひのTCユニットが開設され，筆者がこの地を訪れたのは，ライファーズの完成から5

年後のことである。規律や管理の面でハイテク化されたことを除いては，従来の刑務所と変わらないという印象だったが，TCのなかには，完璧ではなくとも，自由に語り合える雰囲気や環境があると感じた。たとえば，そこでは受刑者は「訓練生」，スタッフは「支援員」と呼ばれ，支援員は訓練生の名前を「さん付け」で呼ぶ。支援員の眼差しも口調も柔らかく，訓練生に対する敬意のようなものが感じられた。

訓練生は驚くほど率直に語り，感情を表現した。教室には時として笑いが起こり，涙が伝染し，怒りと恥の表出で，時に空気が張り詰めたりもする。休憩時間には，自発的にあちこちにできた小グループで話し声が飛び交い，その熱気で窓が曇ったのを覚えている。それはまさに，応答し合う場と呼びたくなる空間であり，従来の刑務所にはありえない光景だった。

Ⅳ　痛みへの応答が生まれる瞬間

「プリズン」には，訓練生が痛みに応答し合う場や，応答が生まれる瞬間が映し出されている。

A（特殊詐欺罪で服役）は，入って来た当初から，とにかくよく話した。最初は寡黙な訓練生が多いなかで，その様子は際立っていた。プログラムでは，かならず挙手し，耳学問的な知識を披露したかと思うと，今風の"ゆるい"笑いを取る。他者の話にも相槌やツッコミを入れたりと，積極的ではあるが，端的に言うと表面的である。一方，肝心なこと，たとえば子どもの頃については「覚えていない」「わからない」と口をつぐんだ。

ある日，若者3人の小グループで，訓練生B（恐喝で服役中）が，最も心に残る体験とそこに伴う感情の事例として，幼い頃の家出とぬくもりを挙げた。家庭の事情で叔母に預けられていたBは，母親に会いたいあまり1人で電車に乗り，警察に保護される。知らせを受け，交番に駆け込んできた母親に，Bは強く抱きしめられる。そのときのぬくもりを今でも忘れないと懐かしそうに語った。

その間中，Aは相槌も合いの手も入れず，固まっていた。口に添えていた手が，時折，微妙に動く程度で，ぐっとあごを体に引き寄せた状態のまま，うつむいていた。

以前のAであれば，待ってましたとばかりに話し出していたはずだ。しかし，順番が来て発言を促されてもAは動かない。そして，戸惑い気味に口にしたのが「今，ぬくもりの思い出だったじゃないですか。それ聞いて真っ先に思ったのは，母親にしても，父親にしても，あんまり触れた記憶がないんですよね」だった。

Aはその後，「ちょっと恥ずかしい話をしますけど……」とためらいながら，ポツリポツリと語った。無性に抱きしめられたいという衝動に駆られること，彼女には恥ずかしくて言い出せないこと，これを人に語ったのは初めてであることなど。いつものノリの良さとは異質の語りだった。

3人目のC（傷害致傷と窃盗で服役中）は先輩格で，TCに来てすでに1年程度が経過していた。語り手のほうをしっかり見て，時々うなずいたりしながら共感的に聴く姿が印象的だった。

CはAとB，2人の話を受けて，自分は親から殴られてばかりいたため，むしろ人に触れられることが怖いと明かした。そして，人が近づくだけで，反射的にのけぞってしまうと語り，幼少期の虐待とがつながっているのかもしれないと言った。

Cの率直な話を聞いたAが，興奮しながら言った。

　今の話聞いて，僕，布団たたき，ガムテープ，浴槽がダメなんですよね。絶対家に置かないんですよね。日常的にやられてたことに関しては，全然覚えてなくって。でも，身体が覚えているので，このアイテムが家にあったらきついっていうのは，そういうことなのかなって。

Aはこの場を機に，「語り」はじめた。出所までの9カ月間を彼はTCで過ごすことになるのだ

が，2カ月目にあたるこれ以前とこれ以降の彼の語りには，質的な変化が見られた。むろん，筆者が取材に立ち会える時間は限られていたが，「プリズン」のなかでも，Aが，自分の痛みを痛みとして受け止められるようになったことが，彼の言葉とプロセスで見えてくるはずである。

Ⅴ　応答の現場に身を置くこと

Aの変化には，似た体験をもつCの存在が要だったと思う。懸命に自分の話に耳を傾け，真摯に応答してくれるCの前だったからこそ，Aは恥の伴う体験を語れたのだろう。アミティが「サンクチュアリ」と呼ぶ，安心して語れる場が，Cによって用意されたとも言える。

実は「ぬくもり」の体験を語ったBは，AとCの話を「暗い」「落ちる」などと揶揄したり，顔をしかめたりと，あからさまに違和感を表明することがあった。正直，Aが恥の体験を語りはじめたときも，Bの反応が2人を黙らせてしまうのではないかと，筆者はヒヤヒヤしながらカメラを回していた。

しかし，このとき，Bの非共感的な反応に屈することなく，Cが共感的で成熟した聴き方／話し方（応答）を示し続けたことが，Bの反応を上回ってAを安心させたのだと思う。

ちなみに，アミティでは，恥の体験を「繰り返し」語ることが，変容のひとつの鍵だと言われている。それは，服役体験のあるスタッフらも認めるように，恥と痛みはセットであり，それを認めることは容易ではないからだ。

訓練生たちは，こうした応答が生まれるいくつもの瞬間に立ち会うことで，成熟した聞き手／語り手に成長してゆく。それは，同時に，新しい訓練生の成長に手を貸していくことにもなる。C自身も認めていることだが，彼もまた，熟練した聴き手／語り手である先輩たちに回復を促されてきたのだと言える。

さらに，非共感的であったBでさえも，応答し合う環境に身を置き続けることによって，自ら

の抑圧された痛みに気づくようになり，一年余りの滞在期間のなかで，言動が大きく変わっていったことを付け加えておきたい。

冒頭で紹介したDは，「プリズン」のなかで，他者の痛みへの共感について，次のように言い表した。

> 自分のことを，今まで溜めてきたものを全部言って，愚痴から，事件に対する認めたくない部分とか，全部吐き出した後に，ようやく，関わってきた人間がどう思っているのかを考えられるようになっていったっていうプロセス，過程がありますね。

罪に対する心からの反省が起こるとすれば，それは，応答が生まれるいくつもの瞬間に立ち会った，その先だと思う。

Ⅵ　おわりに

「プリズン」で，受刑者たちから語られている問題は，紛れもなく，この社会で起きていることである。米国と比べて軽傷なわけでもない。訓練生と呼ばれる彼らは，形としての反省を語るのではなく，自らの痛みを語る。そこからわかるのは，刑務所という場だから語れないわけでも，痛み自体が語りえないわけでもないということ。そして，痛みを認めることは，罪の帳消しどころか，罪に向き合う必須条件であるということも。

では，「人はみな傷ついている」の先へ，どう進めば良いのだろう。

現在4万人強の刑務所服役者のうち，TCに参加できるのはわずか30名ほどだ。新しいTCの開設も進められているようだが，果たして応答可能な場になりうるのかは未知数である。TCを形骸化しないために，応答のあり方やその成立諸条件をめぐって，今後，丁寧かつ多角的に研究・検討していく必要がありそうだ。

「プリズン」が，「応答の文化」構築への一助になることを願ってやまない。

▶文献

カロリン・エムケ［浅井晶子 訳］（2019）なぜなら それ は言葉にできるから──証言することと正義について．み すず書房．

Human Rights Watch/Asia Human Rights Watch Prison Project (1995) Prison Conditions in Japan. Human Rights Watch.

毛利真弓（2018）語りの場と犯罪行動からの離脱──刑務所 内治療共同体のつくりかた．In：藤岡淳子 編著：アディ クションと加害者臨床．金剛出版，pp.98-114.

信田さよ子，シャナ・キャンベル，上岡陽江（2019）被害 と加害をとらえなおす──虐待について語るということ． 春秋社．

坂上香（2012）ライファーズ──罪に向きあう．みすず書房．

坂上香（2015）臨床ゼミ アディクション──ゆるやかな共 助のためのエチュード（第11回）人が生き方を変える とき──アミティにおけるコミュニティと語り．臨床心理 学 15-1；123-129.

坂上香（2018）傷ついた人々のサンクチュアリ──治療共同 体・修復的司法．信田さよ子 編著：実践アディクショ ンアプローチ．金剛出版，pp.174-186.

出版記念トークイベント
生き延びるためのアディクション／語りえぬトラウマに耳をすます

主旨：大嶋栄子＝著『生き延びるためのアディクション──嵐の後を生きる「彼女たち」へのソーシャルワーク』 （金剛出版），野坂祐子＝著『トラウマインフォームドケア──"問題行動"を捉えなおす援助の視点』（日本 評論社）の刊行を記念したトークイベントを，下記の通り開催いたします。

日時：2020年2月14日（金）18：00～20：30

演者：大嶋栄子（NPO法人リカバリー）＋野坂祐子（大阪大学）＋倉田めば（薬物依存症回復施設 大阪ダルク ／薬物依存回復支援団体 Freedom）＋平井秀幸（四天王寺大学）

会場：大阪大学中之島センター 304号室

募集人数：70名（定員に達し次第，募集を締め切ります）

参加費：2,000円（参加費は会場にてお支払いいただきます）

主催：大阪大学教育心理学分野・研究室

申込方法：金剛出版ホームページより「申込フォーム」にチェックインして必須事項を記入・送信してください。

◉ 連絡先：「生き延びるためのアディクション・トークイベント実行委員会」（金剛出版内［112-0005 東京都文 京区水道 1-5-16 ／ TEL：03-3815-6661 ／ E-mail：addiction.survival@gmail.com］）

臨床心理学

Vol.19 No.6（通巻114号）［特集］臨床にかかわる人たちの「書くこと」

★ 好評発売中 ★

✳ 欠号および各号の内容につきましては，弊社のホームページ（URL http://kongoshuppan.co.jp/）に詳細が載っております。ぜひご覧下さい。

✳ B5判・平均150頁　✳ 隔月刊（奇数月10日発売）　✳ 本誌1,600円・増刊2,400円／年間定期購読料12,000円（税別）※年間定期購読のお申し込みに限り送料弊社負担

✳ お申し込み方法　書店注文カウンターにてお申し込み下さい。ご注文の際には係員に「2001年創刊」と「書籍扱い」である旨，お申し伝え下さい。直送をご希望の方は，弊社営業部までご連絡下さい。

Ψ 金剛出版　〒112-0005　東京都文京区水道1-5-16　URL http://kongoshuppan.co.jp/
Tel. 03-3815-6661　Fax. 03-3818-6848　e-mail　kongo@kongoshuppan.co.jp

原著論文

心理師（士）養成大学院における心理実習の教育効果
地域援助実習に焦点をあてて

宇都宮真輝・津川秀夫・藤原直子・藤吉晴美

吉備国際大学心理学部心理学科

　本研究の目的は，①地域援助実習の教育効果，②教育目標を達成するためのプロセス，③地域援助実習を活用した実習の意義，を検討することである。実習内容は，小学校における読み困難児童の早期発見と早期支援であった。実習プロセスは，基礎知識と検査スキルの教育，自主的な事前学習，教員による評価とフィードバック，スキルの修正，実習，カンファレンスの6つからなる。実習の教育効果検討のため，検査スキル，実習不安，実習自己効力感を測定し，各尺度の変化を検討した。その結果，①検査スキルは，自己評価・他者評価ともに実習前より実習後に向上したこと，②基礎知識と検査スキルの修得により，実習不安が低減し，実習自己効力感が高まったこと，③スモールステップによる実習指導，学生のスキル練習と教員のフィードバックの往還が有効なこと，④心理実習により，学生は臨床心理的地域援助を実際に体験できたこと，という4点が示された。

キーワード：教育効果，臨床心理実習，心理的地域援助，学習障害

臨床へのポイント ・・

- 実習前の知識やスキルの修得，教員によるスキルの評価とフィードバック，学生によるスキルの修正と適切な自己評価がスキルを向上させ，その後の実習体験というプロセスが実習不安を低下させ実習自己効力感を高める。

- 地域援助を活用した実習により，地域との連携やコミュニティの一員として働く実感，予防的支援について，学生は体験的に学ぶことができる。

- アウトリーチ型の支援を行うことで，心理相談室におけるケース数を確保でき，学生に安定した教育機会を与えられる。

・・

Japanese Journal of Clinical Psychology, 2020, Vol.20 No.1 ; 93-102
受理日——2019 年 11 月 8 日

I　はじめに

　公認心理師法が2015年に公布され，2017年に施行，心理学領域における初めての国家資格が生まれた。2018年9月および12月には，第1回公認心理師試験が実施され，2019年11月現在，36,438名の合格者が輩出されている。今後，登録を済ませた者は公認心理師としての活動をスタートさせる。一方，臨床心理士は，国家資格のなかった心理領域において，日本臨床心理士資格認定協会が1988年から認定を始めたものであり，2019年4月時点における資格取得者は35,912名である。同協会により養成システムが確立され，専門職としての質の担保が図られたことで，臨床

心理士は，幅広い心理臨床の場において専門家としての存在と有用性が社会的に広く認知されてきた（大野，2018）。このたび，新たな国家資格が生まれたことから，心理職に従事するものはその専門性や社会的責任がより一層問われることが予想される。なかでも，若手心理臨床家の教育訓練の質の向上は喫緊の課題である（木村・木村，2017）。

　公認心理師法によると，公認心理師は保健医療，福祉，教育その他の分野において，心理学に関する専門的知識および技術をもって，①心理支援を要する者の心理状態の観察やその結果の分析，②心理支援を要する者への相談および助言，指導その他の援助，③心理支援を要する者の関係者への相談および助言，指導そ

の他の援助，④心の健康に関する知識の普及を図るための教育および情報の提供，を業とする者をいう。

また，日本臨床心理士資格認定協会によると，臨床心理士は，臨床心理学にもとづく知識や技術を用いて人間の心の問題にアプローチする心の専門家であり，①臨床心理査定，②臨床心理面接，③臨床心理的地域援助，④①〜③に関する調査・研究・発表，という4つが業として求められる（日本臨床心理士資格認定協会，2018）。

公認心理師および臨床心理士の養成カリキュラムでは，実践知を備えるため，実習が必修科目として重視されている。公認心理師養成においては，「心理実践実習」のなかで，学内実習および学外実習施設における450時間の実習が課せられている（公認心理師カリキュラム等検討会，2017）。また，臨床心理士養成においては，「臨床心理基礎実習」と「臨床心理実習」のなかで学内および学外施設における実習が課せられているが，制度化された現場実習はない（伊藤・村瀬・塚崎・片岡・奥村・佐保・吉野，2001）。

筆者らの所属する大学院においても，これまで臨床心理士養成のため実習を重視したカリキュラムを実施してきた。2019年度からは，公認心理師養成のため「公認心理師コース」を新設した（津川，2018）。実習科目にあたる「心理実践実習」を，本学では分野別に90時間ずつI〜Vに分けた。I〜IIIは学外実習にあたり，Iは産業・労働分野，IIは福祉ないし教育分野，IIIは保健医療分野における実習である。また，IV・Vは地域援助と学内の心理相談室における活動からなる。

「心理実践実習」IV・Vの実習の特徴は，心理相談室への自主来談のケースだけでなく地域との連携を活かした支援を実施している点にある。例えば，ペアレント・トレーニングやシニアのための健康教室などがあり，なかでも2016年度からは，心理相談室と高梁市教育委員会が連携し，高梁市内の4小学校において読み困難児童の早期発見・早期支援に取り組んできた（藤原・津川・宇都宮・川本・祖堅・井上・松本・太田・古好・岡田・森，2017；川本・井上・祖堅・藤原・宇都宮・津川，2017；川本・藤原・田尻・津川・宇都宮・藤吉・林・井上，2018など）。早期発見・早期支援という目的のため，該当児童のみでなく1，2年生全員に検査を行う必要があり，小学校に出向くアウトリーチ型の支援を実施している。またこの支援により，心

理師（士）の業として求められる心理アセスメントの経験が多く積める点や心理的地域援助の経験という点からも大学院生の教育に資する内容だと思われる。

そこで本研究では，心理実習の一環として活用している地域援助実習を取り上げ，学生への教育効果と教育目標に沿った実習プロセスについて検討することにした。本研究で検討する点は，①地域援助実習における教育効果，②教育目標を達成するための実習プロセス，③地域援助を活用した実習の意義，の3つである。

II　方法

1　対象者
A大学大学院心理学研究科に在籍する大学院生12名（男子7名，女子5名）であった。平均年齢28.17歳，$SD=10.35$であった。

2　調査時期および実習内容
調査時期および実習内容を図1に示した。

1．調査時期
質問紙調査は，①読み検査の練習前（pre 1），②読み検査の練習後（pre 2），③小学校での実習後（post），④実習後の感想，の計4回実施した。

2．事前の教育内容
①学習障害および読み困難に関する知識（90分），②読み検査に関する実技の練習と実習指導教員による指導（90分×3回）。②においては，検査導入時のコミュニケーション，検査道具の準備や扱い方，教示や指示，音読時間の計測，検査記録のまとめ，を適切に行えるよう事前指導で徹底した。

3．実習内容
実習では地域の4小学校の1，2年生に対し，読み検査課題（稲垣，2010）を実施した。検査は，①単音，②有意味単語，③無意味単語，④単文，の4つの課題から構成され，発達性ディスレクシアをはじめとする読み能力障害の診断に用いられる。いずれの課題も音読課題であり，音読に要した時間と読み誤り数の計測が行われる。検査スキルを修得した学生が，対象小学校の空き教室などを使用し，個別に検査を実施した。学生1人あたりの検査の実施人数は，平均11.42人，$SD=4.39$であった。

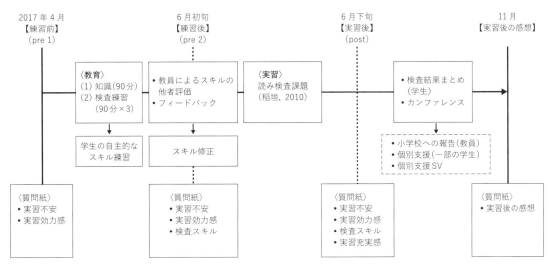

図1　調査時期および実習内容

図2　実習プロセス

検査の実施にあたり，実習指導教員は学生に検査スキルに含まれる具体的な内容を伝えた（例：検査導入時の適切なコミュニケーションとは，笑顔であいさつし，検査導入時にアイスブレイクができること，など）。また検査スキルのみならず，小学校に入る際のあいさつや身だしなみ，児童や教員に接する際の言葉遣いや表情など，支援に臨む際の基本的な事項を身につけてもらうため，練習後や実習後の振り返りのなかで学生に指導を行った。

実習後には学生が検査結果をまとめ，カンファレンスで報告した。その結果，読み時間と読み誤り数が平均 + 2SD を超える所見が2つ以上ある児童を支援の対象とした。実習指導教員が学校を通じて支援の案内を保護者に連絡し，希望者に無料の個別支援（計3回）を実施した。ただし，個別支援は一部の学生のみが担当したため，本調査では取り上げなかった。

3　教育目標と実習プロセス

実習について，以下の3つを教育目標とした。①検査スキルの獲得，②検査スキルの適切な自己評価，③

地域援助実習を通して臨床心理的地域援助について理解を深める，である。

まず，教育目標の①と②を達成するため，学生に読み困難の発見と支援に必要な基礎知識と検査スキルを身につけさせた。その後，学生の自主的なスキル練習があり，実習直前には実習指導教員が学生のスキルを評価し，良かった点，改善点についてのフィードバックを行った。学生はフィードバックに基づきスキルを修正したうえで実習に臨んだ（図2）。

学生が適切な検査スキルを獲得し，自信をもって実習に臨むためには，セルフモニタリングができるようになり，自らスキルの修正や向上を図れるようになることが望ましい。そのためには，学生が相互に協力し合って行う自主的な練習に加え，教員の適切なサポートが必要である。また，仲間や教員から評価をフィードバックしてもらうことで，自己評価を修正することもできると考えた。

教育目標の③については，実習後にカンファレンスを行い，学生の実習報告に対し，実習指導教員がフィードバックし，実習体験を振り返ってもらった。

4　調査内容

1．実習不安

　教育実習不安尺度（大野木・宮川，1996）の4因子25項目（「授業実践力（7項目）」「児童・生徒関係（7項目）」「体調（5項目）」「身だしなみ（6項目）」）のうち，「身だしなみ」の因子を除く3因子を実習内容に合わせて一部内容を変更し，項目も一部削除した。内容は実習指導教員3名で検討し，最終的に17項目（「実習実践力（7項目）」「児童との関係（7項目）」「体調（3項目）」）となった。回答は，そう思う（5点）～そう思わない（1点）の5件法で評定した。

2．実習自己効力感

　教育実習自己効力感（神藤，2015）の3因子10項目（「コミュニケーション自己効力感（3項目）」「授業マネジメント自己効力感（4項目）」「常識・習慣自己効力感（3項目）」）を，実習内容に合わせて一部内容を変更し，項目も一部削除した。内容は実習指導教員3名で検討し，最終的に8項目（「コミュニケーション自己効力感（3項目）」「実習マネジメント自己効力感（3項目）」「常識・習慣自己効力感（2項目）」）となった。回答は，あてはまる（5点）～あてはまらない（1点）の5件法で評定した。

3．実習充実感

　実習までの教育プロセスと実習が結びつき，意義のある実習と感じられたかどうかを調べるための指標として用いた。「実習に充実感をもつことができた」の項目に対して，非常にあてはまる（5点）～全くあてはまらない（1点）の5件法で評定した。

4．検査スキル

　実習指導教員3名にて，検査スキルに関連する内容を検討し，「検査導入時のコミュニケーションを適切にできた」「検査道具の準備や扱いを適切にできた」「教示や指示（正確さやわかりやすさ）は適切であった」「音読時間の計測は適切であった」「検査の記録を適切にまとめることができた」の全5項目を作成した。回答は，非常にあてはまる（5点）～全くあてはまらない（1点）の5件法で評定した。スキルの測定は，同じ質問紙を用いて，自己評価（学生による評価）および他者評価（教員による評価）の2つを実施した。

5．実習後の感想

　実習後に，自由記述式のアンケートに感想を記入してもらった。数量的な指標に加え，検査実施後のカンファレンスも含めた実習全体の評価を捉えるために質的な指標を用いた。

5　倫理的配慮

　学生には質問紙への回答は任意であること，個人情報が特定されることはないことを，文書および口頭で説明したうえで調査を実施した。また，研究成果の発表に際し，吉備国際大学倫理委員会の承認を得た（受理番号：18-01）。

III　結果

　分析には，すべてSPSS Statistics 18.0を使用した。対象学生が12名と少人数のため，ノンパラメトリック検定を行った。

1　検査スキルの変化

　検査スキルが身についたかどうかを調べるため，練習後（pre 2），実習後（post）における，検査スキルの変化を，Wilcoxonの符号付順位検定により求めた。また，検査スキルは，学生の自己評価に加え，実習指導教員による他者評価も行った。他者評価は，学生1名に対し，教員3名が行い，平均得点を算出した。

　他者評価の得点は，練習後（pre 2）よりも実習後（post）において有意に高く（$p < .01$），自己評価の得点は練習後（pre 2）よりも実習後（post）において有意に高い傾向がみられた（$p < .10$）（表1）。

2　実習不安および実習自己効力感の変化

　実習不安と実習自己効力感の継時的変化にはFriedman検定を行い，有意差があったものにはWilcoxonの符号付順位検定を行った。

　実習不安については，練習前（pre 1）よりも実習後（post）において得点が有意に低下し（$p < .01$），実習自己効力感は練習前（pre 1）よりも実習後（post），練習後（pre 2）よりも実習後（post）において得点が有意に高くなった（$p < .05$）（表2）。

3　実習後における検査スキル・実習自己効力感・実習充実感・実習不安の関連

　実習後の検査スキル（自己評価および他者評価），

表1　練習後・実習後の検査スキルの平均と SD および検定結果

	練習後（pre 2）		実習後（post）		Wilcoxon 検定の結果
	M	SD	M	SD	
自己評価	3.80	0.72	4.13	0.47	pre 2 ＜ post †
他者評価	3.77	0.64	4.12	0.64	pre 2 ＜ post **

† $p<.10$, ** $p<.01$

表2　練習前・練習後・実習後の各尺度の平均と SD および検定結果

	練習前（pre 1）		練習後（pre 2）		実習後（post）		Friedman 検定の結果	Wilcoxon 検定の結果
	M	SD	M	SD	M	SD		
実習不安	43.50	17.08	36.42	13.21	31.67	14.00	**	post ＜ pre 1 **
実習自己効力感	28.75	7.72	29.42	5.44	32.33	4.54	**	pre 1 ＜ post * pre 2 ＜ post *

* $p<.05$, ** $p<.01$

表3　実習後のスキル評価・実習自己効力感・実習充実感・実習不安の相関

	自己評価	他者評価	実習自己効力感	実習充実感	実習不安
自己評価	—	.65 *	.80 **	.75 **	− .86 **
他者評価		—	.50	.51	− .48
実習自己効力感			—	.78 **	− .87 **
実習充実感				—	− .72 **
実習不安				− .72 **	

* $p<.05$, ** $p<.01$

実習自己効力感，実習充実感，実習不安，の関連を Spearman の順位相関係数により求めた（表3）。

　実習後の検査スキルは，自己評価と他者評価の間に比較的強い正の相関がみられた（$r=.65, p<.05$）。また，検査スキル（自己評価）は，実習自己効力感，実習充実感との間に強い正の相関がみられ（$r=.80, p<.01$；$r=.75, p<.01$），実習不安とは強い負の相関がみられた（$r=−.86, p<.01$）。また，実習自己効力感と実習不安の間には強い負の相関がみられた（$r=−.87, p<.01$）。

4　実習充実感および実習後の感想

　実習充実感は，平均値は 4.00，$SD=0.74$ であった。実習後の感想は内容から 8 カテゴリーに分類し，回答率（複数回答あり）を求めた（表4）。分類は KJ 法（川喜田，1967）を参考にし，以下の手順で分析した。まず，質問紙により得られたデータから第一筆者がラベルを作成し，他の実習指導教員 3 名とラベルの内容を検討した。記述内容の近いもの同士を筆者も含む実習指導教員 4 名で協議しながらカテゴリー化し，カテゴリー名をつけた。分類が不一致であった場合には 4 名で協議し，最終的な決定を行った。カテゴリー別の回答率をみると，上位には，「児童との関わりの経験」「実習による自信や積極性」「検査スキルの上達」「学外での実習体験」に関する内容があげられた。具体的には，実習により児童との関わりが経験できたこと，実習を経験したことによる自信，検査スキルの上達，学外での実習体験を積めたことによる肯定的な意識の変化などが述べられた。特に，「学外での実習体験」については，「実際に地域に出て支援するため，真剣になる」「地域に出て実習をすると，多くのことが学べる」「地域に出向く支援はあまり経験できないので，他の学生にもすすめたい」など，地域援助実習ならではの声も聞かれた。また，実習前に比べ不安感が減り，実習自己効力感の高まりや実習の充実感を感じさせる内容が多くみられた。

表4　実習後の感想および回答率

自由記述の内容	人数	回答率（%）
児童との関わりの経験	8	72.73
実習による自信や積極性	5	45.45
検査スキルの上達	4	36.36
学外での実習体験	4	36.36
学び（知識や検査スキル）	3	27.27
発達障害への関心	2	18.18
やりがい感	2	18.18
その他	4	36.36

※複数回答あり

IV　考察

1　地域援助実習における教育効果

1．検査スキルの変化と自他評価の比較

　検査スキルの変化をみると，練習後（pre 2）から実習後（post）にかけて自己評価，他者評価ともに上昇した。このことから，事前指導や学生の自主的な練習が終わった時点よりも，児童に対し実習経験を積んだ後のほうが学生の検査スキルが向上したことがわかる。

　また，検査スキルの評価については，学生による自己評価と教員による他者評価との間に比較的強い相関がみられた。相川（2007）は，自己評定式質問紙における反応歪曲の可能性として，回答者が「社会的望ましさ」や「実際の実行の程度ではなく実行できる自信度」にもとづいて回答することを指摘している。確かに，実習において経験値はないのに自己評価が高い学生や，実際は実行できているのに自己評価が低い学生はいると考えられる。相川（2007）は，自己評定と他者評定にずれがあった場合には，他者評定のほうを重視すると述べている。

　本研究では検査スキルについて他者評価と自己評価のずれが少なかった。また，実習前（pre 2），実習後（post）をそれぞれみても，両者の評価が近いことが特徴である。まず，実習前に両者の値が近い点については，①実習の内容が構造化された検査であったこと，②繰り返し行った事前指導において検査のポイントが学生によく伝わっていたこと，を示していると考えられる。次に，実習後の値が近い点については，学生と教員が同じ視点で検査の上達を感じられたことを示していると考えられる。

2．実習不安・実習自己効力感の変化と検査スキルとの関連

　実習不安は練習前（pre 1）から実習後（post）において減少し，実習自己効力感は練習前（pre 1）から実習後（post），練習後（pre 2）から実習後（post）において上昇した。また実習不安はスキルの自己評価と実習自己効力感の間に強い負の相関がみられ，一方，スキルの自己評価と実習自己効力感の間には強い正の相関がみられた。これらの結果から，知識やスキルを修得することが実習不安を低下させ実習自己効力感を高めること，学習した内容をもとに検査を行うことが実習自己効力感をより高めることが明らかになった。

　Bandura（1977）は，自己効力感を「一定の結果を生じる行為を遂行できるという本人の信念あるいは期待感」と定義し，課題遂行時の不安の高さは自己効力感を低下させ，逆に不安がない場合には自己効力感は高まると述べている。つまり，事前の知識やスキルの修得は実習時の不安を減らし，獲得した知識やスキルを実習の場面で遂行できる，もしくは遂行できたという自信は不安をさらに減らすため，実習自己効力感が高まったと推測される。事前に知識やスキルを修得し，実習での経験を積み重ねることで実習自己効力感が上がった点は，看護実習における先行研究（眞鍋・笹川・松田・北島・園田・種池・上野，2007；下村・岡・藤生，2005；山崎・百瀬・坂口，2000）と同様の結果である。

3．実習充実感と各尺度の関連

　実習充実感はスキルの自己評価や実習自己効力感と強い正の相関があり，実習不安とは強い負の相関がみられたことから，スキルの上達や実習自己効力感は実習充実感に結びつき，実習不安が低いと実習充実感を得られることが示された。実習後に行った自由記述のアンケート結果からも，児童との関わりが実際に経験できたこと，検査スキルが上達したこと，実習を経験したことによる自信などが述べられ，実習自己効力感の高まりや，実習の充実感を感じさせる内容が多くみられた。田島（2008）は，大学院生が修了後に役立つと考えている学習や体験について，「心理学の知識やスキルの習得」や「演習や実習の体験」をあげており，またそれらが「専門家としての社会性の獲得」を促すと指摘している。本研究においても，教育によるスキルの獲得と実習での活用が実習自己効力感や実習充実感に結びついており，これらの体験が修了後の活動の

自信につながる可能性があることを示唆している。

2　教育目標を達成するための実習内容とプロセス

　本実習の教育目標は，①検査スキルの獲得，②検査スキルの適切な自己評価，③地域援助実習を通して臨床心理的地域援助について理解を深める，であった。その教育目標に沿い，本実習は「基礎知識と検査スキルの教育」→「学生の自主的な検査スキルの練習」→「検査スキルの他者評価とフィードバック」→「検査スキルを学生が修正」→「実習」→「カンファレンス」といったプロセスで進んだ。

　実習後の検査スキル（自己評価），実習自己効力感，実習充実感の間には，それぞれ強い正の相関がみられ，実習不安と全ての尺度の間には強い負の相関がみられた。神藤（2015）は，教育実習において，事前の自主的学習活動が自己効力感を媒介にして教育実習充実度につながるという流れを示しており，本研究においても，ほぼ同様のプロセスが確認されたといえる。また，山崎ら（2000）は，看護実習において，指導者が手本を示すことや，スモールステップで難易度をあげながら課題を達成することが望ましいこと，褒める際には課題の達成にともなう励ましや賞賛が自己効力感を高めることを示唆している。

　本実習では，実習前の教育で教員と学生が知識とスキルを共有でき，学生の自主的なスキル練習と教員の指導が往還的に行われたことで，検査スキルの適切な自己評価が可能となり，その結果として実習の不安が低減され，実習自己効力感を高めることができた。教員による検査スキルの評価基準も，検査導入時のコミュニケーションや検査道具の扱い，教示や計測時間の正確さなど，具体的で明確なものが多く，フィードバックされた内容を学生が認知しやすく，検査スキルの修正に役立ったと考えられる。また，実習後にカンファレンスを行うことで，学生は実習体験を報告し，臨床心理学的地域援助とは何かについて，体験をもとにそのプロセスや意義を振り返ることができた。

　野島（2002）は，臨床心理的地域援助の教育・訓練の進め方について，①認知的学習，②見学および参加的学習，③体験的学習，④体験の検討，をあげたが，本研究においても同様のプロセスを踏んで地域援助実習の教育・訓練を進めることができたといえる。

3　地域援助を活用した実習の意義

　本研究において，地域援助を実習に活用した意義は以下の2点である。

　①心理師（士）の業である臨床心理的地域援助を実習内容として提供できた点である。近年では，阪神・淡路大震災やスクールカウンセラー活用調査研究委託事業の開始などを契機に，臨床心理的地域援助の重要性が特に指摘されるようになった（上村，2008）。山本（2001）は，被災者支援から得た教訓を，「座して待つカウンセリング」からプログレッシブに「活動するカウンセリング」へのパラダイム・シフトだと述べている。また，山本（2001）は，臨床心理学的地域援助について10の理念をあげており，そのなかには援助者自身が地域社会の一員という自覚をもつ「コミュニティ感覚」の大切さや，「援助は地域社会の人々との連携のなかで行うこと」，「治療よりも予防対策」に力をいれること，などが述べられている。今回の地域援助実習には，読み困難児童の早期発見・早期支援という目的があった。そのため，該当児童だけでなく，1,2年生の児童全員に検査を行う必要があり，相談室から小学校に出向くアウトリーチ型の支援となった。学生は心理師（士）の業として求められる臨床心理的地域援助を体験するなかで，教育委員会や学校との連携を含め，コミュニティの一員として働く実感を短期間ではあるが得たとともに，予防的支援の実際についても学ぶことができたと考えられる。それは，「実際に地域に出て支援するため，真剣になる」「地域に出て実習をすると，多くのことが学べる」という支援後の学生の感想からも読み取ることができる。また，近年，精神科医療の「脱施設化」が謳われ，少しずつではあるが，コミュニティ・ケアの充実が図られている（西村・石神・佐藤，2019）。仲（2018）は，医療におけるアウトリーチ型支援の心理実習の可能性について述べたが，本研究では教育領域における，アウトリーチ型支援のひとつの有効なかたちを示すことができたといえる。

　②学生の教育に資するため，心理相談室におけるケース数を確保できた点である。先行研究（e.g. 藤沢，2007；金沢，2015；小林・福元・松井・岩井・菅野・小牧・淺井・松本・森田，2013；近藤・河合・漆原・坂野・土肥・中野・森，2010）においても，心理相談室におけるケース確保の難しさが述べられており，本大学院も例外ではない。本実習では，アウトリーチ型

の支援を行うことで，学生に多くの検査機会を提供することができた（学生1人あたり，11.42人）。また，同じ学齢期の児童に，同じ検査を繰り返し実施することが，検査の習熟にもつながった。心理相談室における自主来談のケースでは，おそらく同じ条件で実習経験を積ませることはできなかった。読み検査の実施には，導入時のコミュニケーション，検査道具の扱い，教示の適切さ，時間の計測，検査記録のまとめなど，検査の基本が詰まっている。本実習によって，学生はひとつの検査に習熟し，そこで身につけたスキルをウェクスラー式知能検査などの代表的な検査にも応用できると考えられる。

V　まとめ

1　研究の成果

本研究の結果から以下の4点が明らかになった。

①学生の検査スキルは実習前後において自己評価・他者評価ともに向上した。構造化された検査であることや，事前指導において検査のポイントが学生によく伝わったこと，などが学生と教員の評価の一致につながった。

②知識やスキルの修得が実習不安を低下させ，実習自己効力感を高めた。また学習した内容をもとに検査を実施することが実習自己効力感をより高め，実習充実感につながった。

③教育目標を達成するための実習プロセスには，基礎知識とスキルの教育，学生の自主的なスキル練習，教員の明確な評価基準とフィードバック，スキルの修正，実習体験，カンファレンス，などが往還的かつスモールステップにより行われることが有効である。

④地域援助を活用した実習の意義は，教育委員会や学校との連携を含め，学生がコミュニティの一員として働く実感をもてたこと，予防的支援についても体験的に学べた点にある。アウトリーチにより心理相談室におけるケース数を確保できた点も，学生に安定した教育機会を与えることにつながった。

2　今後の課題

今回の結果は，あくまで地域援助実習の結果であるため，今後は多様な実習形態における教育効果を検討することが必要である。実習効果を検討するうえで，実習不安が高く，実習効力感が低い学生について取り上げ，その要因を検討し，介入後の教育効果を検討す

ることにも教育的意義があると考えられる。

また，本研究では，研究デザインが対照群のない，教育プログラムの「前後比較デザイン」となっていたため，成熟効果など教育プログラム以外の影響も結果に含まれていた可能性がある。今後データを蓄積し，入学年度の異なる学生を対照群とした比較も必要である。

▶付記

本論文の要旨は，日本心理学会第82回大会（宇都宮・津川・藤原・藤吉，2018）で発表した。

▶文献

相川　充（2007）．社会的スキルの国際比較は可能か　菊池章夫（編）社会的スキルを測る　―Kiss-18ハンドブック―　川島書店　pp.166-172.

Bandura, A.（1977）. Self-efficacy : Toward a unifying theory of behavioral change. *Psychological Review*, 84, 191-205.

藤沢敏幸（2007）．大学院における心理臨床教育・訓練に関する一考察（3）　心理教育相談研究, 6, 11-22.

藤原直子・津川秀夫・宇都宮真輝・川本悠希・祖堅勝行・井上宗政・松本奈浦・太田早紀・古好誠人・岡田夏美・森　康行（2017）．大学院生による読み困難児童への短期支援　日本心理学会第81回大会発表論文集, 925.

稲垣真澄（2010）．特異的発達障害診断治療のための実践ガイドライン　―わかりやすい診断手順と支援の実際―　診断と治療社

伊藤直文・村瀬嘉代子・塚崎百合子・片岡玲子・奥村茉莉子・佐保紀子・吉野美代（2001）．心理臨床実習の現状と課題　―学外臨床実習に関する現状調査―　心理臨床学研究, 19(1), 47-59.

金沢吉展（2015）．臨床心理士養成のための大学院付属実習施設におけるスーパービジョンに関する調査　心理臨床学研究, 33(5), 525-530.

川喜田二郎（1967）．発想法　―創造性開発のために―　中央公論社

川本悠希・井上宗政・祖堅勝行・藤原直子・宇都宮真輝・津川秀夫（2017）．大学院生による読み困難児童への短期支援の実践　心理・発達総合研究センター紀要, 3, 1-10.

川本悠希・藤原直子・田尻直輝・津川秀夫・宇都宮真輝・藤吉晴美・林　美幸・井上宗政（2018）．大学院生による読み困難児童への短期支援（2）　日本心理学会第82回大会発表論文集, 873.

木村友馨・木村優香（2017）．わが国の若手心理臨床家が抱える面接場面における困難の現状　―質的研究論文の文献検討―　お茶の水女子大学心理臨床相談センター紀

要，19，71-80.

小林佐知子・福元理英・松井宏樹・岩井志保・菅野真智子・小牧　愛・淺井茉裕・松本真理子・森田美弥子（2013）．臨床心理士養成大学院付属心理相談室における養成教育の現状と課題　心理臨床学研究，31，152-157.

近藤清美・河合祐子・漆原宏次・坂野雄二・土肥聡明・中野倫仁・森　信幸（2010）．わが国の臨床心理学教育の現状と課題　―心理学系大学院の心理臨床家養成教育に関するアンケート調査から―　北海道医療大学心理科学部心理臨床・発達支援センター研究，6(1)，1-11.

公認心理師カリキュラム等検討会（2017）．公認心理師カリキュラム等検討会報告書　〈https://www.mhlw.go.jp/file/05-Shingikai-12201000-Shakaiengokyokushougaihokenfukushibu-Kikakuka/0000169346.pdf〉（2018 年 11 月 29 日閲覧）

眞鍋えみ子・笹川寿美・松田かおり・北島謙吾・園田悦代・種池礼子・上野範子（2007）．看護学生の臨地実習自己効力感尺度の開発とその信頼性・妥当性の検討　日本看護研究学会雑誌，30(2)，43-52.

仲　沙織（2018）．臨床心理士養成大学院における学外実習の現状について　―医療領域のアウトリーチの視点から課題を探る―　鹿児島純心女子大学大学院人間科学研究科紀要，13，3-11.

日本臨床心理士資格認定協会（2018）．新・臨床心理士になるために　平成 30 年度版　誠信書房

西村大樹・石神弘基・佐藤康治郎（2019）．アウトリーチにおける実践のヒント　臨床心理学，19(2)，183-186.

大野博之（2018）．臨床心理士の課題　臨床心理士報，29(1)，1-3.

大野木裕明・宮川充司（1996）．教育実習不安の構造と変化　教育心理学研究，44(4)，454-462.

下村英雄・岡　美千代・藤生英行（2005）．臨床実習前後の看護技術に対する自己効力感の変化と関連要因　カウンセリング研究，38，98-108.

神藤貴昭（2015）．事前の自主的学習活動と自己効力感が，教育実習達成，教育実習充実度および教職に就くことへの確信に及ぼす影響　日本教育工学会論文誌，39(1)，41-52.

田島佐登史（2008）．臨床心理養成指定大学院の院生が考える修了後に役立つ学習と体験　目白大学心理学研究，4，35-48.

津川秀夫（2018）．吉備国際大学大学院　野島一彦（編）公認心理師養成大学・大学院ガイド　日本評論社　p.185.

上村恭子（2008）．心理相談センターにおける地域援助の取り組み　―SSN 事業における連携を通して―　多摩心理臨床学研究，4，1-9.

宇都宮真輝・津川秀夫・藤原直子・藤吉晴美（2018）．地域援助実習が大学院生に及ぼす教育効果　日本心理学会第 82 回大会発表論文集，872.

山本和郎（2001）．臨床心理学的地域援助の展開　―コミュニティ心理学の実践と今日的課題―　培風館

山崎章恵・百瀬由美子・阪口しげ子（2000）．看護学生の臨地実習前後における自己効力感の変化と影響要因　信州大学医療技術短期大学部紀要，26，25-34.

Educational Effects of Clinical Psychology Training in a Graduate School for Candidates of Clinical Psychologist and Certified Psychologist : Focus on Community-Based Support Training

Maki Utsunomiya, Hideo Tsugawa, Naoko Fujiwara, Harumi Fujiyoshi

Department of Psychology, School of Psychology, Kibi International University

The purpose of this study is to examine followings : 1) educational effects of community-based support training, 2) processes to achieve educational goals, 3) the significance of utilizing community-based support training. The content of training was early detection and early support for children with reading difficulty in elementary school. This training consists of six processes : education of basic knowledge and assessment skills, spontaneous prior learning, teacher's evaluation and feedback, improving skills, practical training, and conference. For measuring educational effects of this training, assessment skills, anxiety of practical training, and self-efficacy in practical training were measured and the change of each scale score was examined. Results were followings : 1) the assessment skills improved after training than before training both in self-evaluation and others evaluation, 2) acquiring basic knowledge and assessment skills reduced anxiety of practical training, increased self-efficacy in practical training, 3) It was effective that the instruction of practical training was done in a small step, student's skill practice and the teacher feedback were repeated, 4) By clinical psychology training, students could actually experience clinical psychological community support.

Keywords : educational effects, clinical psychology training, psychological community support, leaning disability

附録

附録 1　検査スキル尺度

1.　検査導入時のコミュニケーションを適切にできた
2.　検査道具の準備や扱いを適切にできた
3.　教示や指示（正確さやわかりやすさ）は適切であった
4.　音読時間の計測は適切であった
5.　検査の記録を適切にまとめることができた

附録 3　実習自己効力感尺度

【コミュニケーション自己効力感】
1.　児童に適切に声をかけることができる
3.　児童一人一人を理解し，配慮することができる
6.　実習先の先生方と適切にコミュニケーション（あいさつ等）がとれる

【実習マネジメント自己効力感】
2.　検査中の時間配分が適切にできる
4.　児童からの，検査に関する質問に対して，適切に答えることができる
7.　検査中の臨機応変な対応ができる

【常識・習慣自己効力感】
5.　時間やきまり，約束を厳守することができる
8.　実習生にふさわしい言動・振る舞いをすることができる

附録 2　実習不安尺度

【実習実践力】
1.　伝え方が未熟で検査を聞いてもらえないのではないか
3.　上手く検査をすることができず取り乱しそうだ
5.　手際よく検査ができないのではないか
7.　検査をわかりやすくできるかどうか不安だ
9.　児童に検査以外のおしゃべりや行動が多くなり収拾がつかなくなりそうだ
12.　検査中に予想外の質問がでたらパニックになるのではないか
15.　子どもたちが自分の検査の説明）をきちんと理解してくれるか

【児童との関係】
2.　児童にからかわれるのではないか
4.　今までと違う環境なので上手くやれないかもしれない
6.　児童と上手くやっていけるか心配だ
8.　児童を前にして話すこと自体が不安である
10.　検査の途中に失敗をして児童に馬鹿にされるのではないか
13.　実習生なので児童がなめてかかってくるのが心配だ
16.　内気なので実習先と上手くやれないのではないか

【体調】
11.　長時間の実習なので体力がもたないかもしれない
14.　体調が狂いそうである（神経衰弱，胃痛など）
17.　実習中，病気をしたりするのではないか

理論・研究法論文

心理療法における概念の用い方についての一考察
Gendlin の理論の観点から

久羽 康

駒澤大学

　心理療法の実践に理論や概念は必要であるが，クライアント独自の体験を感じ取るセラピストの能力の妨げともなりうる。本論文ではクライアントへの共感的理解を促進する概念の用い方について考察する。筆者は，人を概念の一例として見るのではなく，人を中心として，クライアントの個別的なありように触れるかたちで概念を用いることの重要性を示し，そのようなクライアント理解がいかにして可能となるかを E.T. Gendlin を参照しつつ論じる。クライアントを理解するプロセスでは，クライアントについて感じている全体的な意味感覚に注意を向けることがセラピストにとって重要となる。この感覚はクライアントその人の存在感としてセラピストにもたらされる。概念は，このクライアントの存在感と交差する（響きあう）ことで，クライアントのまだわかっていない側面を浮かび上がらせる。ここでは概念は答えを与えるものとしてではなく，創造的な問いとして機能する。

キーワード：概念，交差，共感的理解，フェルトセンス

臨床へのポイント

- 臨床実践において，人を中心として（クライアントの個別的なありように触れるかたちで）概念を使用することで，概念や理論を共感的理解につなげることができる。
- 概念を，クライアントのありようを説明する「答え」としてではなく，クライアントのありように触れる「問い」として用いることで，人を中心とした概念使用が可能になる。
- セラピストが，クライアントのありようについて自身が感じている意味感覚に目を向けることで，クライアントへの新しい理解が生じうる。概念はその際のひとつの視点として機能する。

Japanese Journal of Clinical Psychology, 2020, Vol.20 No.1 ; 103-111
受理日──2019 年 10 月 25 日

Ⅰ　心理臨床における理論の問題

　心理療法にはさまざまな学派があり，そのそれぞれが独自の理論や技法を備えているが，多くの学派は，クライアントの話に誠実に耳を傾け共感的に理解するというシンプルな営みを実践の土台として共有している。Fiedler（1950）は，熟練セラピストは学派にかかわらず共感的な理解を中心とした関係を構築すること，その点で同じ学派に属する経験の浅いセラピストよりも他の学派の熟練セラピストと共通していることを示した。また Cooper（2008）はさまざまな研究のレビューを通じ，セラピーの技法の有益性を認める一方で，セラピストのクライアントへの関わり方が

セラピーの結果にとって重要であること，肯定的なセラピー結果は，協働的で，思いやりがあり，共感的な関わり方と関係していることなどを結論づけている。セラピストとクライアントの協働的で共感的な関係性は，心理療法において学派を超えた本質的な重要性をもつと言うことができるだろう。

　クライアントとセラピストの間の生きたやりとりを重視するという観点から，心理療法に理論を持ち込むことはむしろ有害だという意見が示されることがある。たとえば Boss（1957）は，精神分析の本質は現存在を共同相互存在において理解することにあると主張し，思弁的な理論は退けるべきであると論じている。Rogers（1957）は，専門的な知識や心理学的診

断が一定の役割を担うことを認めつつも，それはセラピーに必要不可欠なものではないとし，セラピストがクライアントに向ける態度をより本質的なものとしている。また Bion（1967）は精神分析家は記憶に頼るべきではないと主張し，解釈の力と説得力は不完全に"覚えている"概括的な理論からではなく独自性をもった個人との情緒的体験から来ると述べている。

　理論よりもセラピー場面でのいきいきとしたやりとりを重視するこれらの議論は，一定の説得力をもっているように思われる。Casement（2006）が述べているように，心理療法における理論の使用には「真実を感知する内的感覚によって導かれるのではなく，理論によって動かされる方へと陥って」しまう危険が伴う。森岡（2007）は，理論が相手を裁き操作の対象とするような視点を生み出す側面をもつことを指摘し，理論が個人の個別性を切り捨てたり，場の自然な流れや動きを止めたりしうることに注意を促している。

　だが一方で，理論は心理臨床において単に有害に働くだけではない。理論の力を借りることではじめてクライアントに固有のありようやクライアントの体験の様相に接近できることも少なくないからである。Korchin（1976）は理論の弊害に言及しつつも，臨床家には個々の患者を理解し処遇する際の指針となる理論が必要だと述べている。また河合俊雄（2000）は実践を強調し理論を軽視する態度に疑問を呈し，実践と遊離しない理論の重要性を説いている。臨床理論が臨床実践に必要であり同時にその障害にもなりうるという両面をもつのだとすれば，臨床理論をどう実践で活用しうるか，理論がいかにしてクライアントとの共感的な関わりを良質なものとしうるのかという問いは，臨床実践にとって重要な問いであろう。

　ここで，理論とは何かということを考えてみたい。國分（1980）は，事象のなかに事実が発見され，事実から概念が生み出され，その概念を相互に連繋しひとつのゲシュタルトにまとめあげたものが理論であると述べている。つまり理論とは，事象を捉える枠組みである概念の体系であると言えよう。理論は概念を通じて，事象や対象の特定の側面に注意を促し，事象や対象を意味づけ，意味のネットワークの体系のなかにそれを位置づける。この概念の働きが，セラピストの視野を広げもすれば，セラピストの視野を限定しパターン化された連想に縛りつけもするのである。理論の実践的な活用を考えるうえで，概念をいかに用いるかと

いう問いはきわめて重要である。臨床実践における概念の使用についての議論として，概念化がイメージの生命力を失わせる危険性を強調し「物語」の重要性を論じた河合隼雄（2003）や，概念そのもの陥っている「病」を癒し，差異を生み出す動き（主体としての概念）へと変化させていくことを重視した河合俊雄（1998）によるものがあるが，この問題に関する議論はきわめて限られており，概念をいかに用いるかという問題の重要性に十分な注意が払われているとは言いがたい。

　概念の使用について考察するうえで，「セラピーは概念の体験的な使用を必要とする」（Gendlin, 1968）と述べ，言葉や概念を事実的で論理的なものとしてだけではなく体験的なものとして扱うべきであると論じた E.T. Gendlin の議論はきわめて示唆に富むものである。この議論はセラピストの応答がいかにしてクライアントの体験を先へと進めるかという文脈でなされているが，筆者は Gendlin の議論が，理論や概念がいかにしてセラピストのクライアントへの理解を豊かにするか，すなわちいかにしてセラピストの理解を先へと進めるかという文脈でも有益であると考える。そこで本論文では感じられた意味や交差に関する Gendlin の議論を参照しながら心理臨床における概念の使用について考察し，実践上の提案を行うこととしたい。

Ⅱ　理論を中心とした理解

　本論文では理論や概念を用いた理解のプロセスとして，理論を中心とした理解と人を中心とした理解の2つを区別し対照することにしたい。理論を中心とした理解とは，個々の人間をその理論に含まれる概念の一例としてのみ扱うような理解の態度である。これに対し人を中心とした理解とは，人間を理論や概念によって一般化して説明できるようなものとして捉えるのではなく，実存としての，すなわち個別的な存在としての人間にまなざしを向けるような理解の態度である。

　まず，理論を中心とした理解について述べる。理論を中心とした理解の典型的な例として，理論を構築するために被験者を募って調査や実験を行う場合があげられる。この場合には，「今ここ」で起こった一回限りの事象の個別的な細部は捨象して，広く当てはまる一般法則（これは概念同士の関係として表現される）を得ることが目指されるのであり，個々の人間をより深く理解することは重要でないか，あるいは理論構築のためのデータとしてのみ意義をもつ。導き出された

法則は概念に新しい意味（他の概念との差異や関連）を加え，今度は概念を通じて，演繹的に個々の事象を説明したり予測したりするのに用いられる。理論構築において個々の事象から理論へと向いていたベクトルは演繹においては逆向きになり，理論から事象へという方向で理解が進められるが，個々の事象を概念の一例として扱う限り，演繹もやはり理論を中心とした理解であることにかわりはない。そこでは個々の事象は概念の具象化されたものとして，その意味では概念と同等のものとして扱われるからである。

　このようなアプローチはたとえば物理学的な事象の予測や統制には有効であり，また身体医学においてもきわめて有益である（たとえば個人をインフルエンザの一症例として扱い特効薬を処方するなど）。また心理臨床においても，たとえば特定のラベリングに基づいてエビデンスのある定式化された介入技法を用いるといったように，クライアントをある概念の一例として扱うことは有益であり必要でもあろう。だが心理療法のプロセスのなかでは，個々の事象（あるいは一人のクライアント）を概念の単なる一例として扱うのでは不十分であり，またそのような姿勢は心理療法に必要な共感的理解の阻害要因ともなりうる。共感的理解においては，クライアント個人の生きた体験，豊かで時に言葉にしがたいような細部が重要な意味をもつからである。

　例として，初心のセラピストがはじめてトランスジェンダーのクライアントを担当するという状況を考えてみる。セラピストはクライアントを理解しようと，熱心にトランスジェンダーについて勉強するかもしれない。だがセラピストがトランスジェンダーに関する一般的知識の観点からのみクライアントの語りや悩みを理解しようとするならば，一人の悩める人間としてのその人は見失われてしまう。このような理論中心の理解の姿勢は，未知の対象に接する際に生じやすいように思われる。「わからない」という不安が，その空白を埋める知識を欲し，既存の理論にそれを求めるからである。だとすればクライアントを概念の一例とみなしステレオタイプ化して捉える危険は，体験の蓄積に乏しい初心のセラピストにより大きいと言えるだろう。

　一人の人間を概念の一例とみなすことが，相互的な関係から情緒的に距離を取るというかたちで起こることもある。以前に筆者が心理の専門家ではないオーディエンスを対象に発達障害について短時間のレクチャーを行った際，筆者は安易なレッテル貼りの有害性について説明したつもりでいたが，終了直後に「誰々はADHDで，誰々はアスペルガーだな」と笑う声が聞こえてきたことがあった。また，「ボーダーライン・パーソナリティ」という概念が「あの人はどうしようもない人だ」という意味で使用されるのを聞くこともある。このような安易なカテゴリー化は「自分は相手のことを客観的にわかっている」という装いのもとでなされることが多いが，有効な対応や理解に結びつくものではなく，どちらかといえば理解の放棄であり，一時的な心の安定を得るための回避に近いように思われる。

III　人を中心とする理解，問いとしての概念使用

　では臨床実践において，クライアントの個別性を見失うことなく人を中心として概念を用いることは，いかにして可能となるのだろうか。もし言葉がある一般化された既存のカテゴリーを表象する働きしかしえないのであれば，言葉が個別的なものに触れることはありえないだろう。人を中心とする理解が可能となるためには，言葉の使用において何らかの創造的な動きが生じることが必要である。村瀬（2006）は「臨床実践のプロセスとはそれがたとえささやかであれ創造の過程であり，現実の経験をもとにそこにある普遍を見出す，そして普遍を手懸かりにまた個別へ眼差しを注ぐ，という普遍と個別の間を往復する不断の営みである」と述べている。創造といっても，それはもちろん，恣意的に何らかの理解をこしらえあげるということではない。ここで必要とされる創造とは，Winnicott（1951）が移行現象という言葉で論じたような，創造であると同時に発見であるような類のものでなければならないだろう。Casement（2006）は「結びつきを作り出すことによって理論をあてはめようとするのではなく，人生と理論のあいだに結びつきを見出すこと」が大事だと述べている。だが理論や概念の創造的な使用には多くの場合，理論や概念に対する経験に裏付けられた深い理解が必要である。理論や概念を創造的に用いることは，それを最も必要としているであろう初心者において最も困難であるように思われる。

　そこで筆者は，概念の創造的な使用法のひとつとして，概念を理解のためのひとつの問いとして用いることを提案したい。

例をあげよう[注]。抑うつ気分と対人関係の問題を主訴として来談しているクライアントのケースに，筆者はスーパーヴァイザーとして関わっていた。クライアントは周囲の人と穏やかな関わりをもてず，いつのまにか人と緊張した関係になってしまいがちであった。この関係性のありようを検討するにあたって，筆者はヴァイジーに次のような問いを提示した。クライアントは発達障害的な傾向をもっていてそれで関係性がうまくいっていないということもありうるし，あるいは関係性の問題が力動的な葛藤からきている可能性，つまり本人が意識せず抑えている攻撃性のようなものがあって，それが何らかのかたちで関係性のなかに滲み出てしまうのだという可能性もありうる，あるいはどちらも違うかもしれないが，どうだろうか。ヴァイジーはしばらく考えて，発達障害というよりは後者のほうが近いのではないかと思う，しかし一方で，クライアントには褒めてほしい気持ちもあるのではないかと思う，と言った。それを元にスーパーヴィジョンでは，誰も褒めたり認めたりしてくれないという悲しさや怒り，あるいは自分の人生は本当はこんなものではなかったはずという思いがあるのかもしれないという可能性について話しあわれた。ここでは概念は，事象や個別的な一人の人間をその一例として扱うというかたちではなく，事象や人間を捉えるための問いとして用いられている。この問いの光のもとで人や事象の一側面が意味を持って浮かび上がるが，それは単に概念に当てはめることによってではなく，いわば個別的なものに概念が響きあわされるなかで，創造的に生じてくるのである。

もうひとつ，より一般化した例をあげよう。たとえばある組織のなかに，まわりにあわせようとせず自分の考えばかり主張する人がいて，「困った人」とみなされているとする。このとき，その人には自閉症スペクトラムの傾向があるのではないかと考えてみるとしたら何が起こりうるか。先ほどあげたレクチャーでの例のように，「ああ，なるほどね」と少し冷笑するような態度で「理解」するということが起こる可能性もある。だが自閉症スペクトラムという概念の観点から見ることで，その人がどのような体験の世界に身を置

いているのか，その人がどのような苦労をしながらどのようになんとか適応を保とうとしているのかといったことの一端が垣間見られ，その人への理解が深まるということも起こりうる。後者は人を中心とした理解と考えられるが，ここには人を概念の枠に収めて安心するというのではなく，その人の世界のまだ見えていなかった側面に視野が広がる感覚がある。

理論を中心とした理解と人を中心とした理解の違いを考えるうえで重要なのは，前者では概念が「わかった」ような感覚をもたらすのに対し，後者では，概念を通じて一人の人間のまだ見えていなかった側面が意識され，決して簡単にわかってしまうことのないその人の存在の奥行きのようなものが感じられることである。Bion（1970）やRome（2014）は詩人のJ. Keatsを引用し，ネガティブ・ケイパビリティ（negative capability），つまり性急に答えを出さず不確実さにとどまる能力の重要性を指摘している。またCasement（1985）は，精神分析治療において「知らないこと（not-knowing）」がもつ重要性を強調している。わかっていないものに目を向けそれを尊重する態度はセラピストにとって非常に重要である。理論や概念によって説明し尽くすことのできない実存としてのクライアントにまなざしを向けることがなければ，セラピストは既存の「理解」に安住してしまい，クライアントを共感的に理解しようとしつづけることができないからである。

では問いとして用いられる概念はどのようにして，事象や対象のまだわかっていない側面を開示するのだろうか。Gendlinによる言葉の体験的な次元についての議論，および言葉と事象の交差についての議論は，この点できわめて有益な示唆を与えてくれる。

IV　言葉の体験的な次元

Gendlin（1962）は言葉が，体験的な次元，つまり実感として感じられる意味の次元をもつことを強調した。たとえば，私たちは「もどかしい」という言葉を聞いてその意味を即座に理解するが，この理解は言葉の意味内容を論理的に把握することで可能になっているわけではない。むしろ私たちは，その言葉の感覚的なニュアンスのようなものを通じてその意味に触れている。そのため誰かがこの言葉の意味を尋ねたとしても，私たちは容易にはその意味を言語化することができない。私たちはこの語のニュアンスに触れながらい

注）スーパーヴィジョンからのビネットの引用についてはヴァイジーの許可を得ている。また，クライアントの情報については記載を最小限にとどめ，同時に本論文の議論に支障がない範囲で情報に手を加えてある。

くつかの側面を言葉にするだろうが，言葉による説明だけで相手の意識の内に「もどかしい」の意味のニュアンスを再現することはほとんど不可能である。言葉の意味は論理的説明によって成り立っているわけではなく，実感として感じ取られるものだからである。言葉がもつこのような実感的・体験的な意味を，Gendlin（1962）は「感じられた意味（felt meaning）」と呼んだ。

この「感じられた意味」の概念の延長線上に「フェルトセンス」という概念がある（Gendlin, 1981）。言葉だけでなく，事物や事柄，人など，私たちが関わるあらゆる対象は実感的な意味感覚を通じて体験されており，Gendlin はこのような実感として感じられる意味感覚の全体をフェルトセンスと呼んだのである。フェルトセンスは，何かを深く理解するうえで本質的に重要な働きをしている。たとえば，ある文章の論理的な意味内容がわかったとしても，その文章全体の意味感覚がつかめなければ書き手の言わんとしていることはわからないだろう。また，自分のまわりで起こっている個々の事柄を知っているということと，自分がいったいどのような状況に置かれているのかを理解しているということは，同じではないだろう。物事を深く理解するためには，その物事について感じられる体験的な意味の感覚，すなわちフェルトセンスをつかまなければならない。

Gendlin は論理的な思考の重要性を否定しているわけではないが，論理的な精密さの他に暗黙的な（implicit）精密さが存在することを強調している（Gendlin, 2012）。この暗黙的な精密さの例として，Gendlin はしばしば未完成の詩の例をあげる（たとえば Gendlin（1995））。書きかけの詩の，次にくるべき一行を考えるとき，私たちはまだ書かれていないその一行の空白に注意を向け，そこにふさわしい言葉を探す。だが論理的には筋が通っているように思われる言葉でも，実感としてはしっくりこないということは珍しくない。求めている言葉がそれではないということは，説明のしがたい感覚的・体験的なかたちで，しかし明確に感じられる。その空白はこれまで書かれた詩を暗黙的なかたちで含みつつ，次にくる言葉を暗黙的な萌芽として指し示しているのである。この感覚は漠然としているようでありながら，ある言葉がそこにふさわしいか否かをきわめて繊細に精密に判断する。

私たちは言葉を，この空白が漂わせる暗黙的な意味の感覚に響きあわせ，それがしっくりくるかどうかを試してみることができる。ふさわしい言葉が見つかると，私たちはそのことを何かがひらけたような感覚として体験する。時には新しい一行が，すでに書かれた文の意味感覚に新しい光を投げかけ，これまでとは異なるニュアンスで浮かび上がらせるということも起こる。そこには，Gendlin が進展（carrying forward）と呼ぶある種の有機体的な体験の前進が生じている。

言葉の感じられた意味感覚が状況のフェルトセンスと響きあい進展をもたらすという動きは，詩作のような特殊な場合にのみ起こるわけではない。同様の動きは体験を言葉にし理解するというプロセス一般において広く生じうる。Gendlin は心理療法におけるクライアントの変化を，クライアントに直接に感じられている意味感覚にクライアント自身が注意を向けそれを象徴化すること（フェルトセンスと言葉が相互作用すること）で，体験が進展していくプロセスとして記述した（Gendlin, 1964, 1996）。筆者は，セラピストが概念を用いてクライアントを理解するというプロセスについても同様の観点から捉えることを提案する。つまり筆者の考えでは，クライアントを理解するということには，セラピストの感じているフェルトセンスに概念の意味感覚が響きあわされ，そこに意味の創造や進展が起こるという動きが含まれている。

このことを考えてみるうえで，セラピストにとってクライアントの存在（presence）は（あるいはクライアントの発言や振る舞いは），ある実感的な意味感覚を通じて立ち現れているということを説明しておく必要がある。セラピストはクライアント個人のありようやクライアントの置かれた状況を，論理的に理解するだけでなく，ある実感的な感覚を通じてそこに見出している。そうでなければ，セラピストはクライアントをさまざまな属性や論理的説明の単なる寄せ集めとして理解しているということになってしまうだろう。この実感的な感覚とはすなわちクライアントについてセラピストが感じているフェルトセンスなのだが，ここで言うフェルトセンスはセラピストが自分の「内側」に感じるものだけでなく，セラピストが目の前のクライアントに目を向けるときにそのクライアントがどのような存在としてセラピストの意識に立ち現れているかということを含んでいる。セラピストの意識に立ち現れたクライアントの存在がフェルトセンスである，というのは奇異に思われるかもしれない。私たちは多

くの場合，対象の存在と対象の意味とを分けて考えるからである。だが現象学的に見れば，対象の存在はひとつの実感的な意味感覚として私たちに与えられている（Kuba, 2013）。私たちは目の前のその人の存在を，自分とその人との関わりの歴史を含んだひとつの全体的な意味感覚として知覚している。特定の人としばらく関わっていると，「私」にとってのその人の存在感が変化していくのはそのためである。筆者はセラピストがクライアントを創造的に理解していくうえで，この，存在の感覚そのものという意味でのフェルトセンスが本質的な重要性をもつと考えている。そこにはセラピストがまだ明示的には「知らない」こと，言葉にできるようなかたちでは「わかっていない」ことが，実感的に感じられる意味感覚として豊かに含まれているからである。理解は，このフェルトセンスにある観点からまなざしを向け，そこに創造的に意味を見出すプロセスとして捉えることができる。概念はこのプロセスに必要な特定の観点を提供するのである。

Ⅴ　理論と事象の交差

　概念はフェルトセンスとどのように関係するのだろうか。両者の相互作用について考えるために，言葉がある状況において何かを意味する様相を記述したGendlinの交差（crossing）の理論を参照することにしたい。

　ひとつの言葉はさまざまな状況においてさまざまに異なる意味ないし使用法をもつ。たとえば「折れる」という言葉は，何か長さのあるものが物理的に破損することを意味するだけでなく，相手に対して譲歩することや，まがり角を曲がること，時にはある出来事によって気力を失うという意味で使用される。だが特定の状況で用いられるとき，「折れる」という言葉はただひとつの意味を帯びる。このことをGendlin（1995）は，言葉がもつさまざまな使用法のバリエーションの全体すなわち使用群（use-family）と，それが実際に用いられる状況との交差として説明する。ある言葉が今ここで何を意味するかは，その言葉の使用群のみによって決定するわけでも，現在の状況のみによって単純に変わるわけでもない。言葉は，使用群の全体がその状況と交差することによって，それがそこで意味しているまさにその意味をなす。つまり，ひとつの言葉が暗黙的に（言うなれば前意識的に）帯びている意味の広がりが状況のフェルトセンスと交わり響きあうこ

とで，そこにひとつの具体的で実感的な意味が浮かび上がるのである。

　この交差という観点から，セラピストがクライアントを理解するために概念を用いるというプロセスを考えてみたい。ここでは概念の持つ意味の広がりが言葉の使用群に相当し，一人の個別的な人間としてのクライアントが状況に相当する。この「状況」には，実際にはその場でのクライアントのありようだけでなく，そのクライアントが心理療法の場にやってきた経緯やこれまでの面接の経緯，クライアントからこれまでに聞いたさまざまな事柄などが暗黙的に含まれている。そういった事柄のすべてが，いま「私」の前にそのクライアントが存在するという，その実存の感覚としてセラピストに体験されている。セラピストはそのクライアントのありように何らかの概念を響きあわせてみるだろう。たとえばセラピストはクライアント理解のために「強迫的」という概念を用いることができる。クライアントを「強迫的な人」の単なる一例とみなすのではなく，「強迫的」という概念の観点からクライアントを見ることで，クライアントのもつ個別的な特定の側面が浮かび上がってくるかもしれない。それはちょっと融通のきかない几帳面さであったり，自閉的なこだわりであったり，あるいは精神病的な体験に抗して自分を保つ試みであったりするだろう。そこでは「強迫的」という言葉の意味の広がり（使用群）が，このクライアントについてセラピストが感じているフェルトセンスと交差し，そこに含まれるその強迫性を意味し指し示す。厳密に言えばクライアント一人ひとりの「強迫性」はみなそれぞれに異なっており，「強迫的」という言葉はそのそれぞれのありようと響きあうことで，それぞれの個別性において，それぞれのその強迫性を創造的に見出すのである。

　「強迫的」という言葉の意味は一義的であるように思われるかもしれない。だが実際には，すでに述べたように，言葉の意味は辞書的に説明可能な意味内容以上のニュアンスを含んだ「感じられた意味」として，実感的に感じ取られている。覚えたばかりでまだ慣れていない専門用語を使う場合を考えてみると，私たちはその言葉の辞書的な意味を知識として知っていても，まだその実感的なニュアンスをうまく感じられないため，実際に使用する（状況と交差させる）際には言葉の意味をそのつど思い出そうとしなければならず，柔軟に用いることが難しい。だが何かを理解する

ために（はじめはぎこちなくも）繰り返し使用されることで，その言葉の意味の実感は深まっていき，豊かに柔軟に用いられるようになっていく。Merleau-Ponty（1945）が述べているように，語は意味の単なる標識ではなく，それ自体として意味を身に帯びるのである。経験を積んだ臨床家の耳には「強迫的」という言葉は，辞書的な意味しか知らない初学者に対するのとは異なるニュアンスを帯びて，他の概念とのつながりを豊かに含意しつつ響くだろう。

　経験のなかで豊かに意味を帯びるようになった言葉は，その意味をいちいち思い出すことなくとも，自然な，身についた言葉として用いられるようになる。つまり概念が主体の一部として内在化され（久羽，2017），対象を見る「私」のまなざしの一部，対象のフェルトセンスを感じ取る「私」の感受性の一部となるのである。したがって，交差は言葉（概念）の意味と対象のフェルトセンスの並列的な相互作用として起こるわけではなく，主体と対象の関係，対象に向けられるまなざしとまなざしを向けられる何かとの関係として起こると考えられなければならない（久羽，2017）。

　経験を積み理論に習熟した心理臨床家にとって理論や概念は対象を見るまなざしの一部となっているため，自分がその理論や概念の観点からクライアントを見ていることをほとんど意識しない場合も多いだろう。このような概念の内在化は一方では，何を見ても同じ類の事象に見えてしまうような視野狭窄に陥る危険性を孕んでいる。そのためセラピストには，折に触れて自らがクライアントに向けるまなざしを反省し吟味することが求められるだろう。だが一方で概念の内在化は，セラピストが専門的な視点をもちながら，自然で自己一致した「私」としてクライアントの体験に添うことを可能にするものでもある。「強迫的」という概念は，「この人は強迫という概念に当てはまるかどうか」を問題にするというかたちで用いられるだけでなく，ある観点をセラピストのまなざしに加え，それを通じてたとえば「あなたにとって物事がきちんとしていることはとても大事なことなのですね」「何度も確認するのをやめたい，やめなきゃという気持ちもある一方で，それをしないでいるとあなたは本当に不安で不安で仕方がないのですね」といった共感的な理解を可能にするようなかたちでも機能するのである。

　初心のセラピストには学んだ概念を「使おう」とする傾向が強いことがあるが，すでに述べたように，ク

ライアントを概念によってラベリングする，あるいはジャッジするという理論中心の姿勢でいると，理論や概念は共感的理解の妨げとなりやすい。概念を問いとして用い，クライアントのありように交差させるという本論文の提案は，まだ心理臨床の概念をうまく使えない初心のセラピストが概念を意識的に共感的なまなざしとして用いるうえで有用であると筆者は考えている。

VI　本論文の主張の適用範囲と課題

　最後に本論文の主張の適用範囲と課題について触れておきたい。現代の心理臨床ではエビデンスに基づく実践が重視されるようになっているが，エビデンスに基づく実践には，対象を適切にカテゴライズして一般化し，定式化された介入を行うことが必要である。本論文の主張はこのようなアプローチを否定するものではない。ただ，定式化された介入を中心とする実践においても，そのいわば行間に，セラピストが個人としてのクライアントにまなざしを向け，クライアントの体験している世界を理解しようとする関係性が流れていることは重要であろう。その意味で本論文の主張は，広く臨床一般に有用なものであると筆者は考えている。

　一方で，人を中心とする理解は臨床実践に必要なクライアント理解の一側面でしかない。現代の心理臨床では，人を中心とした理解と定式化された理解とを織り合わせていくという課題は避けて通れないものであろう。本論文における筆者の提案は，クライアントを概念の一例とみなすような理解に偏ることがないよう注意を促し，クライアントの個別性に目を向けることの重要性を強調するものであるが，人を個別的な存在として見るという要請と定式化された理解や介入を臨床に活かすという要請との間でいかに実践を行っていくかということは，なお重要な課題である。

　また，本論文ではセラピストがクライアントを理解するうえでいかに概念を用いるかという問題にとどまり，それがクライアント側の理解ないし体験の進展をどのように促すかという問題には触れることができなかった。理解をクライアントと共有するプロセスについては，また別に議論する必要がある。

VII　まとめ

　概念は常に固定した意味を担っているわけではな

く，さまざまな側面を（感じられた意味の広がりとして）含んでおり，状況との交差においてそのつど，特定の意味を帯びる。概念と状況（目の前のクライアントその人のありよう）との交差は，状況が固定的な意味をもつ概念の一例とみなされるというかたちで起こることもあるが，概念の意味の広がりがクライアントその人のありように響きあわされ，そこにクライアントその人への理解がいきいきと創造的に生じるというかたちでも起こりうる。筆者はこれを，人を中心とした理解と呼んだ。概念が，答えを与えるものとしてではなく，クライアントの体験のまだわかっていない側面に豊かに触れるような問いとして機能するときには，概念は一人の人間の個別性への理解を深める役割を担うことができる。筆者は，心理療法の実践において，このように人を中心としたかたちで概念が用いられることの意義を強調した。このような概念の使用は，心理療法において本質的な重要性を持つ共感的な関わりを良質なものとするからである。

▶ 文献

Bion, W.R.（1967）．Notes on memory and desire. In R. Langs（Ed.）（1981），*Classics in psychoanalytic technique*. Northvale : Jason Aronson, pp.243-244.
（中川慎一郎（訳）（2000）．記憶と欲望についての覚書　松木邦裕（監訳）メラニー・クライントゥディ3　岩崎学術出版社　pp.21-27.）

Bion, W.R.（1970）．Attention and interpretation. In W.R. Bion（1977），*Seven servants*. New York : Jason Aronson.
（福本　修・平井正三（訳）（2002）．注意と解釈　精神分析の方法Ⅱ　法政大学出版局　pp.193-331.）

Boss, M.（1957）．*Psychoanalyse und Daseinsanalytik*. Bern : Hans Huber.
（笠原　嘉・三好郁男（訳）（1962）．精神分析と現存在分析論　みすず書房）

Casement, P.（1985）．*On learning from the patient*. London : Tavistock.
（松木邦裕（訳）（1991）．患者から学ぶ　岩崎学術出版社）

Casement, P.（2006）．*Learning from life*. New York : Routledge.
（松木邦裕（監訳）（2009）．人生から学ぶ　岩崎学術出版社）

Cooper, M.（2008）．*Essential research findings in counselling and psychotherapy*. London : Sage.
（清水幹夫・末武康弘（監訳）（2012）．エビデンスにもとづくカウンセリング効果の研究　岩崎学術出版社）

Fiedler, F.E.（1950）．A comparison of therapeutic relationship in psychoanalytic, nondirective and Adlerian therapy. *Journal of Consulting Psychology*, 14（6），436-445.
（伊東　博（訳）（1960）．精神分析, 非指示的方法, アドラー療法における治療関係の比較　伊東　博（編訳）カウンセリングの基礎　誠信書房　pp.239-261.）

Gendlin, E.T.（1962）．*Experiencing and the creation of meaning*. London : The Free Press of Glancoe.
（筒井健雄（訳）（1993）．体験過程と意味の創造　ぶっく東京）

Gendlin, E.T.（1964）．A theory of personality change. In P. Worchel & D.Byrne（Eds.），*Personality change*. New York : John Wiley.
（村瀬孝雄・池見　陽（訳）（1999）．人格変化の一理論　ユージン・ジェンドリン・池見　陽（著）セラピープロセスの小さな一歩　—フォーカシングからの人間理解—　金剛出版　pp.165-231.）

Gendlin, E.T.（1968）．The experiential response. In E. Hammer（Ed.），*Use of interpretation in treatment*. New York : Grune & Stratton, pp.208-227.（The International Focusing Institute ウェブサイトの Gendlin Online Library を参照した）

Gendlin, E.T.（1981）．*Focusing*. 2nd ed. New York : Bantam books.
（村山正治・都留春夫・村瀬孝雄（訳）（1982）．フォーカシング　福村出版）

Gendlin, E.T.（1995）．Crossing and dipping. *Mind and Machines*, 5, 547-560.（The International Focusing Institute ウェブサイトの Gendlin Online Library を参照した）

Gendlin, E.T.（1996）．*Focusing-oriented psychotherapy*. New York : Guilford Press.
（村瀬孝雄・池見　陽・日笠摩子（監訳）（1998, 1999）．フォーカシング指向心理療法（上，下）　金剛出版）

Gendlin, E.T.（2012）．Implicit precision. In E. Casey & D.M. Dchoeller（Eds.）（2018），*Saying what we mean*. Evanston : Northwestern University, pp.111-137.

河合隼雄（2003）．臨床心理学ノート　金剛出版
河合俊雄（1998）．概念の心理療法　日本評論社
河合俊雄（2000）．心理療法の理論　岩波書店
國分康孝（1980）．カウンセリングの理論　誠信書房

Korchin, S.J.（1976）．*Modern clinical psychology*. New York : Basic Books.
（村瀬孝雄（監訳）（1980）．現代臨床心理学　弘文堂）

Kuba, Y.（2013）．Congruence and incongruence as human attitudes. *Person-Centered & Experiential Psychotherapies*, 12（3），200-208.

久羽　康（2017）．主体－対象の可変的境界としての象徴化　人間性心理学研究，35（1），37-47.

Merleau-Ponty, M.（1945）．*Phénoménologie de la perception*. Paris : Gallimard.
（竹内芳郎・小木貞孝（訳）（1967, 1974）．知覚の現象学

（1, 2）　みすず書房）

森岡正芳（2007）．現場から理論をどう立ち上げるか　臨床心理学，**7**(1)，18-23.

村瀬嘉代子（2006）．統合的心理療法のすすめ　滝川一廣・青木省三（編）心理臨床という営み　金剛出版　pp.68-80.

Rogers, C.R.（1957）. The necessary and sufficient conditions of therapeutic personality change. *Journal of Consulting Psychology*, **21**(2), 95-103.
（伊東　博（訳）（2001）．セラピーによるパーソナリティ変化の必要にして十分な条件　伊東　博・村山正治（監

訳）ロジャーズ選集（上）　誠信書房　pp.265-285.）

Rome, D.I.（2014）. *Your body knows the answer*. Boulder : Shambhala.
（日笠摩子・高瀬健一（訳）（2016）．マインドフル・フォーカシング　創元社）

Winnicott, D.W.（1951）. Transitional objects and transitional phenomena. In D.W. Winnicott（1958），*Collected papers*. London : Tavistock.
（北山　修（訳）（2005）．移行対象と移行現象　北山　修（監訳）小児医学から精神分析へ　岩崎学術出版社　pp.274-293.）

A Consideration of the Use of Concepts in Psychotherapy : From the Perspective of Gendlin's Theory

Yasushi Kuba

Komazawa University

Although theories and concepts are necessary for the practice of psychotherapy, they can also interfere with the therapist's ability to be sensitive to the client's unique experience. In this paper I consider how to use concepts in a way that promotes therapists' empathic understanding of clients. I suggest that it is important not to see a person as an example of a concept, but to use concepts in a person-centered manner by means of which we can access clients' uniqueness. I discuss how it is possible to better understand clients in this manner through the work of E.T. Gendlin. In the psychotherapeutic process of understanding a client, it is important for the therapist to attend to his/her whole sense of the client, which is given to the therapist as the client's unique presence. A concept can be crossed (or resonate) with the therapist's sense of a client's presence, so that unrecognized aspects of the client are invited to emerge. Here a concept functions not as an answer but as a generative question.

Keywords : concept, crossing, empathic understanding, felt sense

実践研究論文の投稿のお誘い

　『臨床心理学』誌の投稿欄は，臨床心理学における実践研究の発展を目指しています。一人でも多くの臨床家が研究活動に関わり，対象や臨床現場に合った多様な研究方法が開発・発展され，研究の質が高まることで，臨床心理学における「エビデンス」について活発な議論が展開されることを望んでいます。そして，研究から得られた知見が臨床家だけでなく，対人援助に関わる人たちの役に立ち，そして政策にも影響を与えるように社会的な有用性をもつことがさらに大きな目標になります。本誌投稿欄では，読者とともに臨床心理学の将来を作っていくための場となるように，数多くの優れた研究と実践の取り組みを紹介していきます。

　本誌投稿欄では，臨床心理学の実践活動に関わる論文の投稿を受け付けています。実践研究という場合，実践の場である臨床現場で集めたデータを対象としていること，実践活動そのものを対象としていること，実践活動に役立つ基礎的研究などを広く含みます。また，臨床心理学的介入の効果，プロセス，実践家の訓練と職業的成長，心理的支援活動のあり方など，臨床心理学実践のすべての側面を含みます。

　論文は，以下の5区分の種別を対象とします。

論文種別	規定枚数
①原著論文	40枚
②理論・研究法論文	40枚
③系統的事例研究論文	40枚
④展望・レビュー論文	40枚
⑤資料論文	20枚

　①「原著論文」と⑤「資料論文」は，系統的な方法に基づいた研究論文が対象となります。明確な研究計画を立てたうえで，心理学の研究方法に沿って実施された研究に基づいた論文です。新たに，臨床理論および研究方法を紹介する，②「理論・研究法論文」も投稿の対象として加えました。ここには，新たな臨床概念，介入技法，研究方法，訓練方法の紹介，論争となるトピックに関する検討が含まれます。理論家，臨床家，研究者，訓練者に刺激を与える実践と関連するテーマに関して具体例を通して解説する論文を広く含みます。④「展望・レビュー論文」は，テーマとなる事柄に関して，幅広く系統的な先行研究のレビューに基づいて論を展開し，重要な研究領域や臨床的問題を具体的に示すことが期待されます。

　③「系統的事例研究論文」については，単なる実施事例の報告ではなく，以下の基準を満たしていることが必要です。

①当該事例が選ばれた理由・意義が明確である，新たな知見を提供する，これまでの通説の反証となる，特異な事例として注目に値する，事例研究以外の方法では接近できない（または事例研究法によってはじめて接近が可能になる），などの根拠が明確である。
②適切な先行研究のレビューがなされており，研究の背景が明確に示される。
③データ収集および分析が系統的な方法に導かれており，その分析プロセスに関する信憑性が示される。
④できる限り，クライエントの改善に関して客観的な指標を示す。

　本誌投稿欄は，厳格な査読システムをとっています。査読委員長または査読副委員長が，投稿論文のテーマおよび方法からふさわしい査読者2名を指名し，それぞれが独立して査読を行います。査読者は，査読委員およびその分野において顕著な研究業績をもつ研究者に依頼します。投稿者の氏名，所属に関する情報は排除し，匿名性を維持し，独立性があり，公平で迅速な査読審査を目指しています。

　投稿論文で発表される研究は，投稿者の所属団体の倫理規定に基づいて，協力者・参加者のプライバシーと人権の保護に十分に配慮したうえで実施されたことを示してください。所属機関または研究実施機関において倫理審査，またはそれに代わる審査を受け，承認を受けていることを原則とします。

　本誌は，第9巻第1号より，基礎的な研究に加えて，臨床心理学にとどまらず，教育，発達実践，社会実践も含めた「従来の慣習にとらわれない発想」の論文の募集を始めました。このたび，より多くの方々から投稿していただけるように，さらに投稿論文の幅を広げました。世界的にエビデンスを重視する動きがあるなかで，さまざまな研究方法の可能性を検討し，研究対象も広げていくことが，日本においても急務です。そのために日本の実践家や研究者が，成果を発表する場所を作り，活発に議論できることを祈念しております。

（査読委員長：岩壁 茂）（2017年3月10日改訂）

臨床心理学 ＊ 最新研究レポート シーズン 3
THE NEWEST RESEARCH REPORT SEASON 3

第 **20** 回

子どもと大人の相互作用

その分析方法と研究課題

Özçalışkan Ş, Adamson LB, Dimitrova N & Baumann S（2017）Early gesture provides a helping hand to spoken vocabulary development for children with autism, down syndrome, and typical development. Journal of Cognition and Development 18-3 ; 325-337.

長岡千賀 *Chika Nagaoka*
［追手門学院大学］

I　はじめに

　私は，心理臨床の対話や，発達障害をもつ子どもの作業療法のセラピーを題材として，言語や非言語行動の定量的分析を通じて，人と人の相互作用について研究してきた。対人支援の現場では，さまざまな支援の方法が用いられるが，私が関心を寄せてきたのは，物理的環境を調整する支援方法をメインとする場ではなく，相互作用するなかで人的環境，言い換えればクライエント（または，子ども）とセラピストの関係性が適切に整えられることによって，クライエントのこころが動き新しい視点を獲得したり（たとえば，長岡ほか（2011），長岡ほか（2013）），発達障害をもつ子どもが物理的環境や人的環境に気づき適応的に関わる方法を身につけたりする場である（長岡ほか，2018）。作業療法のセラピーは，傍目には，物理的環境の調整こそメインに働いていると思われるかもしれないが，実際は，プレイルームや使うおもちゃが同じであっても，セラピストの関わり方によってセラピーの質が大きく異なるのだ。

　こうした相互作用そのものについて研究する際に，当該の相互作用をどのように捉え，そしてどのように検討・分析するとよいか，十分に考える必要がある。本稿では，Özçalışkan et al.（2017）を手がかりとして，小さい子どもと大人の相互作用について研究する際の視点や方法論，さらには今後の研究課題について考察する。

　この文献の第 1 著者の Özçalışkan 氏は，子どもの初期の言語能力および認知能力についての実証的検討を重ねている。子どもが初めて単語や文を発するまでの，あるいは初めて何かについての説明をするまでの言語発達プロセスに，ジェスチャーがどのように関わっているかを調べている。そのために，定型発達（TD）の子どもばかりでなく，発達障害，視覚障害または聴覚障害をもつ者も調査対象者に含めながら，相互作用において用いられた言葉やジェスチャーを分析するなどの研究方法で検討を行っている。

　Özçalışkan et al.（2017）以前の研究から，TD 児は，物の名前を口にするより前に，指差しジェスチャーなどによって，指示対象を直示的に指したり要求したりすることが知られており，これらのジェスチャーは，言語発達と密接に関係していると推測されてきた。一方で，自閉症スペクトラム障害（ASD）およびダウン症候群（DS）の子どもたちはともに言語発達に遅れがあるが，ASD 児は指示対象を直示的に指すジェスチャー

が顕著に少なく（Özçalışkan et al., 2016），対照的に DS 児は TD 児とほぼ同じ速さでジェスチャーが発達することが示されている。これらを踏まえ，Özçalışkan et al.（2017）では，ASD 児と DS 児の，指示対象を指したり要求したりするジェスチャー（以降,指示的ジェスチャーを呼ぶ）と言葉の発達プロセスが，TD 児のそれと似ているかを検証することにより，指示的ジェスチャーが言語発達にどのように関連するかを調べようとしている。そのために，小さい子どもと養育者の相互作用を撮影し，子どものジェスチャーと言葉を分析している。

Ⅱ　言語と非言語行動

Özçalışkan et al.（2017）の研究方法として注目したい特徴の第 1 は，人と人の相互作用を，話し言葉という単独モダリティだけでなく，ジェスチャーという非言語行動のモダリティも含めながら捉えようとする視点である。

コミュニケーションにおける非言語行動に関する実証研究は，1950 年代および 60 年代に急速に成長した（Patterson, 2018）。しかし，このときの研究のほとんどは，視線なら視線，対人距離なら対人距離といったように，単独の非言語行動に焦点を当てたものだった。1960 年代後半に複数の非言語行動が補完的に働くことが示され理論構築されるも，1980 年代や 1990 年代になると，社会的認知をテーマとする研究が実証的心理学研究の大部分を占めるようになるとともに，相互作用そのものを分析したり操作したりする研究の割合は急激に低下した。実際，私は 2003 年頃に非言語行動の同調性（シンクロニー，同調的表出とも呼ばれる）に関する研究のレビューのため（Nagaoka et al., 2007），約 100 個の文献を収集したが，そのなかに 1980 年代や 90 年代の研究が相対的に少ないことを実感した。

しかしこの傾向は，2010 年前後には変わったように思われる。非言語行動を含めて対話などの相互作用を捉えることが重要視され，そうした研究もより身近なものになってきた（Heath et al., 2010）。科学研究費助成事業の審査区分に関してキーワードが付されていたときにも「臨床心理学」のなかに「非言語コミュニケーション」というキーワードが挙げられていた。また，もともと電話による会話の分析からスタートした国際会話分析学会においても，2010 年の学会テーマは「マルチモダリティ」だった。

こうした変化の背景には，映像や音声に関わる技術的進歩がある。ここではそのひとつとして，現在，相互作用の研究者の多くに使われている，フリーソフトウェア ELAN を紹介したい。ELAN を使えば，映像や音声の特定の箇所を聞きながら，自分で簡単に注釈をつけたり，同じ箇所について複数の視点から注釈をつけて多角的に捉えたりすることが可能である。また，相互作用中の特定の事象をコーディングしたり，さらにその頻度や時間長を計測したりすることも容易にできる。ELAN は Windows や Mac などの度重なるバージョンアップにも対応し，一般向けのコンピュータの大部分で安定して動作するように整備されている。

ELAN は 2002 年にマックス・プランク心理言語研究所から発表された。マックス・プランク研究所という学際的土壌にふさわしく，ELAN も，言語学に限らず幅広い学問分野で使われることを想定して開発された。

そのため，より応用的な使い方も可能である。たとえば，声の大きさや高さや声質に関わる物理特性を分析することができるフリーソフトウェア Praat と連携させて，自分が加えた注釈をやりとりすることができる。また，臨床心理学者である Ramseyer 氏が開発したフリーソフトウェアの MEA（Ramseyer & Tschacher, 2011）では，撮影された人物などの動きの大きさを検討するために，動画のピクセル変化を測定することができるが，そこで得た時系列的データを ELAN で取り込んで，音声波形や注釈と時間軸を合わせて並べて表示することができる。

さらに，私たちにとって幸いなことに，2019年に，ELAN の基本から応用的な使い方の説明と研究事例の紹介が，『ELAN 入門——言語学・行動学からメディア研究まで』という一冊の本（細馬・菊池，2019）になって出版された。これもきっかけとなり，これから多様な相互作用のマルチモーダル分析の研究が増え，人と人の相互作用についての議論がますます深まると思われる。

なお，上述の3つのフリーソフトウェアは，それぞれ以下の URL からダウンロードできる。

ELAN（https://tla.mpi.nl/tools/tla-tools/elan/）
Praat（http://www.fon.hum.uva.nl/praat/）
MEA（http://psync.ch/）

III　比較対象の選定

Özçalışkan et al.（2017）に話を戻そう。この研究で注目したい特徴の第2は，妥当な比較を行うための工夫である。対照実験の勘所である，独立変数以外の要因，特に従属変数に影響を与えるだろう要因を優先的に統制するということを，いかに実現しているかに注目してみよう。Özçalışkan et al.（2017）の実験の方法の概要は以下の通りである。

実験参加者：TD 児 23 人（約 18 カ月齢），ASD 児 23 人（約 30 カ月齢），DS 児 23 人（約 30 カ月齢）。子どもたちは，全5回あるセッションのうち最初のセッションの時点では，言葉を増やしはじめたばかりで，語彙サイズは群間で異ならなかった。彼らは，共同関与（joint engagement）の発達に関わる，より長期にわたる縦断プロジェクト（Adamson et al., 2004, 2009）の参加者であり，スピーチ産出において，ASD 児と DS 児が TD 児に匹敵するように，最初のセッションの時点における単語産出の頻度や種類を基準として選出された。彼らは主に白人であり，大部分は少なくとも大学の学位をもつ親がおり，離婚率も比較的低かった。TD 児と DS 児

のすべてと，ASD の子どもの大多数（23 人中 19 人）は，5回のセッションのうち少なくとも4回に参加した。

データ収集：プレイルームにて母親と，Communication Play Protocol（CPP）（Adamson et al., 2004）を用いて関わっている子どもたちの様子を，1 年間を通して5回収録した。CPP は，さまざまな小さな子どもたちに適用可能なシーンを使って，親と子のコミュニケーションの半自然的な観察ができるように設計されている。撮影は，1回あたり20分間であり，2つのワンウェイミラー越しに行われた。

音声のテキスト化：「猫」「壊れた」「食べる」「大きい」といった物や事や特性を参照する音声，オノマトペ（例：「ニャー」）や慣習的な音声（例：「イェーイ」）を，単語として扱った。

ジェスチャーのコーディング：本研究の仮説を知らない訓練されたコーダーが，最初のセッションにおける子どものジェスチャーをコーディングした。ジェスチャーは，親に向けて示された手（たとえば，ボールを指して，手のひらをボールに向かって伸ばす），あるいは体の動きである。子どもが物を持ち上げて親の注意を促すジェスチャー（show gesture）があるが，これを除くとすべてのジェスチャーは手ぶらで行われた。

分析対象：指示対象を直示的に示すジェスチャー（deictic gesture と呼ばれるもので，「ボール」を指すようにボールを指差したり持ったりするもの。上述の show gesture を含む）と，対象の要求を伝えるジェスチャー（give gesture と呼ばれる。たとえば，「ボールをちょうだい」と伝えるように空の手のひらをボールに向かって伸ばす）であった。ともに，指示対象に関する情報を伝え，手の動きのみで示されるものである。

分析方法：最初のセッションを分析し，ジェスチャーのみで表現され言葉では表現されなかった指示対象と，ジェスチャーで表現されず話し言葉だけで表現された指示対象を特定した。

その後の4つのセッションでは，最初のセッ

ションでジェスチャーのみで表現された指示対象が，言葉で表現されたかどうかを評価した。加えて，後に言葉で表現された場合は，ジェスチャーによる指示対象の表現の生起から，音声による指示対象の表現の生起までの間の時間差を算出した。

　ここで注目したいのは，まず，年齢ではなく語彙レベルで実験参加者群を等質にしている点である。他のより大きなプロジェクトと連携させることによって，これが可能になっている。また，CPPという一定の形式を相互作用に持ち込むという点も，この研究に必要な工夫と言える。これにより相互作用をある程度構造化させ，類似した相互作用の文脈を作り，そこで表現されるジェスチャーや言葉を群間で比較しやすくしている。仮に自由に遊んでもらった場合，遊びの質の群間の相違がジェスチャーや言葉に及ぼす影響が，結果を大きく左右するであろう。最後に，言語発達を評価する際に，外的な基準ではなく，同一個人の初回のジェスチャーや言葉を基準としている点も重要な点である。その子ども自身の1年間にわたる変化を丁寧に捉えることで，子どもの初期発達を調べることが可能である。

　実験の結果から示されたのは，①最初のセッションではいずれの群の子どもも多くの場合，音声ではなくジェスチャーだけで指示対象を表現したが，②TDとASDの子どもは，最初にジェスチャーだけで表現した指示対象の多くを，平均して6.6カ月後には音声で表現するようになり，③しかしDSの子どもは例外的で，音声での表現が遅れていたということであった。

　これらを踏まえÖzçalışkan et al.（2017）は，多様な子どもの言語発達において，指示対象を示すジェスチャーは，それが指す物の名前（言葉）の産出の基礎を形成していると推察している。ジェスチャーから言葉への因果関係は本研究では実証できていないと断りながらも，ジェスチャーが言語発達に役立つ理由についての考察を行って

いる。たとえば，子どもと養育者の相互作用において，養育者は子どものジェスチャーに敏感であり，日常的に，子どもがジェスチャーで指す指示対象に関して養育者はタイムリーに言葉を提供している，言い換えると単語に翻訳していることや，養育者によって翻訳された対象物の名前は，翻訳されなかった物の名前よりも，後に子どもによって音声で表現される可能性が高いことを示す先行研究を挙げながら，指示対象を指すジェスチャーは，子どもが言語発達の準備ができているということを養育者に知らせるサインとして働いているかもしれないと考察している。

IV　臨床家のまなざし——今後の課題

1　微細な非言語行動の読み取り

　ところで，小さい子どものジェスチャーは，ジェスチャーとして未完成であったり，瞬間的にしか示されなかったり，非常に個性的なもので第三者からそれと認められなかったりすることがありうる。そして，それを，子どもとともに生活する養育者やその子どもをよく理解している臨床家は的確に読み取り反応することがある。このことについて，Özçalışkan et al.（2017）において特に触れられているわけではない。

　しかし，発達障害をもつ子どもの臨床の場では，こうした微細な非言語行動を読み取ることが大事にされているように見える。作業療法のセラピスト向けの講習会を見学させてもらったことがあるが，そこでは，当該の療法に関して書かれたテキストに書かれている知識とは別に，子どもを目の前にした実践においては，子どもの微細な非言語行動を丁寧に読み取ることが重要であると指導されていた。試しに，作業療法のセラピスト（経験者）と初心者に，3人の子どもの1人遊びの動画を見せ，それぞれの子どもについて感じたことを自由に報告してもらったところ，子どもの遊びやその流れに関して，初心者はほとんど報告しないが，経験者は丁寧に報告する傾向があった。実践においては，子どもの微細な非言語行動を読み取

れてこそ，子どもに応じた適切な治療計画ができると考えられることから，熟達者による読み取り方法についての検討が今後進むと思われる。

2　人と関わることの面白さを伝える

　また，Özçalışkan et al.（2017）ではほとんど触れられていないものの，ジェスチャーの生起数を比率ではなく絶対数で見たところ，ASD 児の直示的ジェスチャー生起数は TD 児のそれに比べて顕著に少ない（Özçalışkan et al., 2016）。このことは，他者の指差しジェスチャーについての ASD 児の理解に関する研究結果とも符合する。ASD 児は，他者の指差しジェスチャーの指示対象を理解できないわけではないが，相互作用相手を情緒的にやりとりしうる行為者として認識した上で行う共同注意行動には困難を伴うのだ（別府，1996）。

　では，相互作用の相手を情緒的にやりとりしうる行為者として認識することを ASD 児に促すには，どうすればよいだろうか。おそらく臨床家はほとんど無意識のうちに，臨床家自身や周りの人と情緒的に関わることの面白さを子どもに経験してもらい，子どもとの関係性を構築しているのだろう。しかしこれについては，臨床の場の相互作用を分析対象とした検討が望まれる。

Ⅴ　おわりに

　子どもと大人の相互作用は，子どもの発達を大人が支えるとはどういうことか，そして人の発達とはなにかについて考える上での，貴重な研究対象と言える。特に臨床の場の相互作用は，相互作用が有する機能を十全に発揮している例であり，それ自体を丁寧に分析することで得られる示唆は非常に大きいと考えられる。

▶文献

Adamson LB, Bakeman R & Deckner DF（2004）The development of symbol-infused joint engagement. Child Development 75-4；1171-1187. doi:10.1111/j.1467-8624.2004.00732.x

Adamson LB, Bakeman R, Deckner DF & Romski M（2009）Joint engagement and the emergence of language in children with autism and down syndrome. Journal of Autism and Developmental Disorders 39-1；84. doi:10.1007/s10803-008-0601-7

別府哲（1996）自閉症児におけるジョイントアテンション行動としての指さし理解の発達―健常乳幼児との比較を通して．発達心理学研究 7-2；128-137. doi:10.11201/jjdp.7.128

Heath C, Hindmarsh J & Luff P（2010）Video in Qualitative Research. Sage Publications.

細馬宏通，菊池浩平（2019）ELAN 入門―言語学・行動学からメディア研究まで．ひつじ書房.

長岡千賀，小森政嗣，桑原知子，吉川左紀子，大山泰宏，渡部幹，畑中千紘（2011）心理臨床初回面接の進行―非言語行動と発話の臨床的意味の分析を通した予備的研究．社会言語科学 14-1；188-197. doi:10.19024/jajls.14.1_188

Nagaoka C, Komori M & Yoshikawa S（2007）Embodied synchrony in conversation. In：T Nishida（Ed.）Engineering Approaches to Conversational Informatics. John Wiley & Sons. pp. 331-351.

長岡千賀，小山内秀和，矢野裕理，松島佳苗，加藤寿宏，吉川左紀子（2018）子どもの適応行動の発達を支える療育者の関わり―発達障がいの作業療法場面の分析．認知科学 25-2；139-155. doi:10.11225/jcss.25.139

長岡千賀，佐々木玲仁，小森政嗣，金文子，石丸綾子（2013）行動指標を用いた心理臨床の関係性に関する定量的検討―描画法施行場面を題材として．対人社会心理学研究 13；31-40. doi:10.18910/25841

Özçalışkan Ş, Adamson LB & Dimitrova N（2016）Early deictic but not other gestures predict later vocabulary in both typical development and autism. Autism 20-6；754-763. doi:10.1177/1362361315605921

Özçalışkan Ş, Adamson LB, Dimitrova N & Baumann S（2017）Early gesture provides a helping hand to spoken vocabulary development for children with autism, down syndrome, and typical development. Journal of Cognition and Development 18-3；325-337. doi:10.1080/15248372.2017.1329735

Patterson ML（2018）A systems model of dyadic nonverbal interaction. Journal of Nonverbal Behavior 1-22. doi:10.1007/s10919-018-00292-w

Ramseyer F & Tschacher W（2011）Nonverbal synchrony in psychotherapy：Coordinated body-movement reflects relationship quality and outcome. Journal of Consulting and Clinical Psychology 79-3；284-295. doi: 10.1037/a0023419

♫ 主題と変奏——臨床便り

第41回
人の生に寄り添う

藤井真樹
［名古屋学芸大学］

「他者に寄り添う」とは，広く他者のケアということが関連する領域ではよく聞かれます。柔らかな響きをもつ耳馴染みの良い言葉であるため，それが他者との関係において，また特にケアを必要としている他者との関わりにおいて大切な態度であることは，多くの人が認めるところだと思います。ですが，あらためて「他者に寄り添う」とはどのようなことなのでしょうか。

私の勤務する大学で，あるとき学生と「子どもに寄り添う」ことについて考えたことがあります。その際，多く聞かれたのが，「子どもの目線で」とか「子どもの立場に立って」，また「共感してあげること」などといった意見でした。なかでもより具体的に「不登校になってしまった友達にどう声をかければよいかわからなくて，心の奥の思いを知りたかった」という自らの過去の経験から，寄り添うといってもどうしたらいいかわからないという意見を出してくれた学生もいました。

「当事者の立場に立って」とか「共感性をもって」などは，「寄り添う」よりはやや具体的に感じられる態度ですが，これも実際に生身の他者を前にするとなかなか難しいものです。絶対的な他者性が自分との隔たりとして立ちはだかるからです。そもそも他者とは，自分とは異なる身体で，自分とは全く異なる世界を感受し生きている存在なのです。そうした他者の立場に立って，他者と同様に世界を感受することは難しくて当然でしょう。

先に挙げた学生が不登校になった友人の「心の奥の思いを知りたかった」と書いたように，他者に寄り添おうとすると，人はどうしても他者の内面を知りたくなります。他者が思っていることや感じていることをできるだけ正確に捉える，つまり「わかる」ことを求めてしまうのです。しかしこれが寄り添うことを逆に難しくしているように私は思います。

他者の内面という明らかに自らと隔たりのあるものを，頭を働かせて意識的に「わかろう」とするのではなく，まずは意識以前にさまざまなことを感受している身体の次元でその場に身を委ねてみるのはどうでしょうか。これにより「わかる」ことではなく「共にある」という二者の隔たりを超えうるあり方への可能性が開かれ，そうした関わりの継続が結果として，他者の生に寄り添うことになるのではないかと思うのです。

「共にある」ためには，他者には他者の生きている世界があるという事実を引き受けることが出発点となります。寄り添いたいと思いつつ他者に為すことであっても，必ずしもその思いが「自分の思うような形で」相手に伝わるわけではないことは誰でも経験があると思います。むしろこうしたズレによって他者の生きている世界に気づかされ，そこからまたあらたに関わっていくその過程で，時に他者の世界と響き合い，「共にあれた」喜びが刻まれることもあるでしょう。他者の生に寄り添うとは，「わかる」こととは別次元のこうした時間の蓄積なのではないでしょうか。

書評 BOOK REVIEW

ヤーコ・セイックラ＋トム・アーンキル［著］
斎藤 環［監訳］

開かれた対話と未来
—— 今この瞬間に他者を思いやる

医学書院・A5判並製
定価2,700円（税抜）
2019年8月刊

評者＝**下平美智代**（国立精神・神経医療研究センター）

　本書はフィンランドの Jaakko Seikkula と Tom Erik Arnkil の英語による共著 *Open Dialogues and Anticipations* の邦訳である。Seikkula は家族療法家（心理士）で研究者でもあり，Arnkil は社会福祉領域の研究者である。

　本書は，西ラップランド保健圏域で実践されている「オープンダイアローグ」と立場の異なる人々の間のネットワークミーティングのひとつのあり方「未来語りのダイアローグ」を具体例に，「対話実践」における「対話性（dialogicity）」についてさまざまな事例やエピソードを取り上げながら解説している。本書によると，対話性とは「ある種の立場や態度，あるいは人間関係のあり方を指す言葉」(p.36) である。そして，対話性の核心は「他者性」を尊重することであり，それは，「私と他者が，ある出来事において，互いの存在を肯定し認めること」であるという (pp.36-37)。「対話性」とはどのような人間関係のあり方なのか，本書に収録されている事例やエピソードを読むことによって，読者は自分自身の体験を振り返りながら理解を深めることができる。筆者自身，一人の生活者として，また臨床家として自分自身の他者との関わりについて内省したり，「他者性」について深く考えたりする機会となった。そういう意味では啓発的な書であると思う。

　他方，本書のなかでそうした内省や沈思の流れを阻害するかもしれないと感じられたのが，第9章の「対話実践の調査研究」である。この章は実証研究に明るい研究者諸氏にとっては突っ込みどころの多い章だと思う。筆者自身も気になるところが複数あった。しかしながら，この章のそもそもの意図は，ランダム化比較対照試験や EBM を批判することではなく，対人支援プログラムは評価を受ける必要があるが，"対話実践のような相互性の高い支援にふさわしい評価方法は何だろうか？" という問いであると理解した。1990年代以降，Seikkula と同僚たちは外部の研究者の協力を得て，西ラップランド保健圏域での対話実践をベースとしたメンタルヘルスの体制を評価し，改良を重ねていった。こうして，西ラップランド保健圏域の取り組みは国の制度改革に合わせながらも独自の発展を遂げたのである。

　本書の副題「今この瞬間に他者を思いやる」は，原題では Respecting Otherness in the Present Moment である。まさにこれが本書のテーマである対話性の核心であることが，本文からは窺える。これは，今という瞬間に私の目の前にいるその人（それは家族／同僚／クライエントかもしれない）との「今ここ」の関係性において，その人の他者性を尊重するということであると筆者は理解した。専門職全てが相互に他者性を尊重するという風土のなかで対人支援を行ったとしたら，もしかしたら，教育も福祉も精神医療も今とはずいぶん違ったものになるのかもしれない。その前例が本書に示されている。そこに希望を感じた。

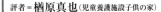

松本俊彦［編］

「助けて」が言えない
――SOSを出さない人に支援者は何ができるか

日本評論社・四六判並製
定価1,600円（税抜）
2019年7月刊

評者=楢原真也（児童養護施設子供の家）

　本書は、『こころの科学』の特別企画として編まれて刊行された後、好評を博し、増補され書籍化された一冊である。本書のテーマが読者を惹きつけた背景には、自ら支援を求めることなく差し伸べる手を拒絶する人々をどう理解し、かかわるのかというテーマへの現場の関心の高まりがある。同時に、それは対象となる人々の裾野の広がりでもあり、数多くの者が社会のなかで包摂されず、（身近な人々ではなく）専門家による支援を必要としていることを示唆しているのかもしれない。

　そうした人々を理解するうえで、本書の著者たちはまず、社会あるいは支援者自身のなかにある常識を再考する重要性を説いている。アンビバレンスに陥っているクライエントの矛盾を正したい衝動を抑えることの大切さ、自殺予防のために「SOSの出し方を教える」という考え方が悩んでいる本人を追いつめることへの懸念、覚せい剤依存症患者が逮捕された瞬間に「ありがとう」と言った背景、「それぐらいで大げさだ」などいじめ告発に対する問題のある反応の例示、薬物などの危険性や違法性を「ダメ、ゼッタイ」で強調するだけにとどまらない働きかけ、認知症のある人のこころや行動を特有の症状としてのみ捉えることの問題点、性暴力に関するニュースを聞いたときに頭をよぎる「どうしてついていったの？」といった素朴な考えなど、多くの例が示されている。これらは、当事者の世界を内から分かちあおうとするのではなく、問題を外から捉えようとするときに生まれがちな反応なのかもしれない。しかし、社会のなかで孤立し弱い立場にある人々が「助けて」と言えないのは、それだけの必然性がある。私たちは、彼らを知ろうと努め、普段あたりまえに（あるいは好意で）行っている思考や行為を見直すことから始めなければならないのだろう。

　末尾の座談会のなかでは、社会のなかで周辺化されている人々が抱えるスティグマや孤立についても触れられている。そうしたスティグマを減じる方法のひとつとして、当事者に出会い、その経験に学び、当事者による正直な語りを社会に広めていくことが提案されている。私たちが彼らと同じ視点に立てず、上記のような誤った考えや対応が生まれるのも、当人の事情を十分に知らずにいるからである。一方で、本書の端々では、そうした困難を抱える人々にかかわる支援者もまた、「助けて」が言えず、孤立し、抱えこみ、疲弊していく状況も危惧されている。オープンダイアローグによる当事者と支援者の対話的関係が、そうした状態からの解放をもたらすことも指摘されており、支援者もまた自らの戸惑いや弱さや限界に開かれることが求められているのである。

　社会が変容し、多様な人々の多様なありようが理解され認められることによって、人と繋がることに困難を抱える人々も生きやすくなっていく。本書はその理解の一助となる良書である。

松本卓也 [著]

心の病気ってなんだろう?

平凡社・四六判並製
定価1,400円（税抜）
2019年7月刊

評者＝**山崎孝明**（こども・思春期メンタルクリニック）

「心の病気ってなんだろう？」。

改めてそう問われると，回答は難しい。それは「心が健康ってなんだろう？」という問いと同義だからだ。だから私たちは，「生きる意味とか考えてること自体が病的だよね」などと言って，その問いになんとなく「答え」を出す。そういうことを考えないことが「健康」であり，それが「大人」になることなのだ，と。

*

本書は「中学生の質問箱」シリーズの1冊である。中学生は，大人になってから振り返ると無駄に哲学的であったりする。それは「大人」や「大人」ぶった中学生からしたら，「そんな気張っちゃって」と言いたくなるような態度なのかもしれず，「中二病」などと揶揄されることもある。だが，著者は若き哲学者たちを茶化すこともはぐらかすこともなく，「中学生の質問」に丁寧に答えてゆく。

本書は「心の病気ってどういうもの？」「心の病気の人はどんな風に困っているの？」「心の病気でもくらしやすい社会ってつくれるの？」の3章立てである。1章が総論，2章が統合失調症や鬱病をはじめとする各論，そして3章がまとめを兼ねた社会論である。

本書では突飛なことが語られているわけではない。中学生向けの本なのだからある意味当然だろう。だがそんな平易な見た目とは裏腹に，実は本書では高度な仕事が成し遂げられている。試みると矛盾を来たしがちであるために通常並列して語られることのない，精神病理学，当事者研究，対象関係論，社会論，権力論といった多様な水準の議論が巧妙に，しかもきわめてバランスよく織り込まれているのである。だが読者はそんなことを意識もせず，すらすら読み進めることだろう。中学生の知力と体力があれば，一気読みも容易だ。この読みやすさこそが，本書のオリジナリティであり，最大の魅力である。

本書のハイライトは，「『共感』のような他者への想像力は，『知識』とは正反対のもののように捉えられがちですが，『知識』がなければ他者のことについて想像することすらできません。知ることは，想像力を働かせるうえでの基盤です」という箇所だろう。このことば自体も，目新しいことを言っているわけではないように感じられるかもしれない。

しかし，1章2章と通読してきたうえで3章のこの文言に至ると，読者はここまでに著者によって授けられた「知識」によって，いつのまにか他者への共感を高めている自分に気づかされる。「『知識』によって想像力が増す」という「体験」を自然にさせられるしかけになっているのである。だから，そこには強い説得力が宿っている。この「体験」をするには，通読が必要となるが，ここで本書が誇る驚異の読みやすさが生きてくるのである。まさに，巻を措くに能わずという慣用句にふさわしい。

「共感しましょう」「やさしくしましょう」などと言われても，人はやさしくなれない。著者は，多感な中学生にそんな野暮なことは言わない。そう言わずに，「知識」を授けることで，人をやさしくしてしまう。それが本書である。

もちろん本来の対象である中学生用に保健室やスクールカウンセラーの部屋に置いておくのもよいだろう。しかし，大人が読んでも，大人ぶって棚上げしていたあの頃の問いを，もう一度問い直すきっかけを与えてくれることを保証する。

門本 泉［著］

加害者臨床を学ぶ
—— 司法・犯罪心理学現場の実践ノート

金剛出版・四六判上製
定価3,200円（税抜）
2019年7月刊

評者＝**松本佳久子**（武庫川女子大学）

　安全・安心に暮らす社会を構築するため，再犯の防止への対策が大きな課題となっている。地域社会に動揺を与えるような凶悪な事件が起こるたびにマスコミを通じて盛んに報じられ，犯罪行為に至る経緯や動機，背景などの解説が行われるなど，犯罪に対する社会的関心は非常に高い。法律や常識の枠から外れて社会の調和を乱し，通常の理解を超えた振る舞いが文学などの芸術作品に取り上げられ，魅力的なものとして捉えられることもある。

　本書は，『臨床心理学』誌に全12回にわたり連載された論文を統合し，新たに加筆もされており，非行少年や受刑者を対象とした心理臨床領域における「加害者臨床」について，著者の少年鑑別所や少年院，刑務所での心理技官としての20数年にわたる実践をもとに，加害者臨床の場における人，およびその関係についての貴重な事例とその深い洞察が凝縮されている。非行少年や犯罪者など著者が携わる現場の対象としての「あなた」，そして彼らと出会い関わる心理臨床家としての「私」，最後にこれら両者を取り囲む，より大きな単位としての「わたしたち」という3部から構成されている。このなかで，加害者臨床の実践における構造上の特徴，そして契約と終結，スーパービジョンの役割などが明確に示されている。例を挙げると，病院，学校，企業などの心理臨床領域で出会うクライエントと異なり，「加害者臨床」の場では，自発的な動機がない状態で面接することが多いこと，さらに，対象者個人の幸福や自己実現よりも，「再犯の防止」による「安全な社会」への貢献が至上命題となることなど，「加害者臨床」の持つ構造上の特殊性からくる特有の難しさが伝わってくる。評者には，著者のような法務局の職員としての経験はないが，これまでに民間から外部講師として矯正施設の芸術療法に関わってきた。そこで出会う受刑者や非行少年が，当初あまりにもスムーズに事件の動機や贖罪の気持ちを語る姿に

違和感を覚えた。しかし，本書を通じて，そのときの彼らが真の「自己感」「他者感」「世界観」とつながっていなかったことに気づくに至った。おそらく加害者臨床に直接携わった経験のない読者にも，リアルな加害者臨床の場の状況が伝わりやすく構成されているのではないかと思う。

　著者は，「加害者」の犯罪行為自体は許されなくても，彼らの存在そのものは肯定され，受け入れられるというメッセージを込めて契約を交わしているという。"I am OK, You are OK" という交流分析の哲学に通じることは言うまでもないであろうが，非行少年や受刑者個々がもつ多様性を尊重しつつ，主体的な人として向き合い共感的に理解しようとする，あらゆる心理臨床につながるような根本的な姿勢が，本書のなかの事例やエピソードに通奏低音として流れているように感じられた。再犯に至らないまで人が変化するとはどういうことか，人が人に関わることの意味について考えるうえで重要な示唆を与えてくれる書である。

投稿規定

1. 投稿論文は，臨床心理学をはじめとする実践に関わる心理学の研究における独創的で未発表のものに限ります。基礎研究であっても臨床実践に関するものであれば投稿可能です。投稿に資格は問いません。他誌に掲載されたもの，投稿中のもの，あるいはホームページなどに収載および収載予定のものはご遠慮ください。

2. 論文は「原著論文」「理論・研究法論文」「系統的事例研究論文」「展望・レビュー論文」「資料論文」の各欄に掲載されます。「原著論文」「理論・研究法論文」「系統的事例研究論文」「展望・レビュー論文」は，原則として400字詰原稿用紙で40枚以内。「資料論文」は，20枚以内でお書きください。

3. 「原著論文」「系統的事例研究論文」「資料論文」の元となった研究は，投稿者の所属機関において倫理的承認を受け，それに基づいて研究が実施されたことを示すことが条件となります。本文においてお示しください。倫理審査に関わる委員会が所属機関にない場合，インフォームド・コンセントをはじめ，倫理的配慮について具体的に本文でお示しください。

★ 原著論文：新奇性，独創性があり，系統的な方法に基づいて実施された研究論文。問題と目的，方法，結果，考察，結論で構成される。質的研究，量的研究を問わない。

★ 理論・研究法論文：新たな臨床概念や介入法，訓練法，研究方法，論争となるトピックやテーマに関する論文。臨床事例や研究事例を提示する場合，例解が目的となり，事例の全容を示すことは必要とされない。見出しや構成や各論文によって異なるが，臨床的インプリケーションおよび研究への示唆の両方を含み，研究と実践を橋渡しするもので，着想の可能性およびその限界・課題点についても示す。

★ 系統的事例研究論文：著者の自験例の報告にとどまらず，方法の系統性と客観性，および事例の文脈について明確に示し，エビデンスとしての側面に着目した事例研究。以下の点について着目し，方法的工夫が求められる。
　①事例を選択した根拠が明確に示されている。
　②介入や支援の効果とプロセスに関して尺度を用いるなど，可能な限り客観的な指標を示す。
　③臨床家の記憶だけでなく，録音録画媒体などのより客観的な記録をもとに面接内容の検討を行っている，また複数のデータ源（録音，尺度，インタビュー，描画，など）を用いる，複数の研究者がデータ分析に取り組む，などのトライアンギュレーションを用いる。
　④データの分析において質的研究の手法などを取り入れ，その系統性を確保している。
　⑤介入の方針と目的，アプローチ，ケースフォーミュレーション，治療関係の持ち方など，介入とその文脈について具体的に示されている。
　⑥検討される理論・臨床概念が明確であり，先行研究のレビューがある。
　⑦事例から得られた知見の転用可能性を示すため，事例の文脈を具体的に示す。

★ 展望・レビュー論文：テーマとする事柄に関して，幅広く系統的な先行研究のレビューに基づいて論を展開し，重要な研究領域や臨床的問題を具体的に示す。

★ 資料論文：新しい知見や提案，貴重な実践の報告などを含む。

4. 「原著論文」「理論または研究方法論に関する論文」「系統的事例研究論文」「展望・レビュー論文」には，日本語（400字以内）の論文要約を入れてください。また，英語の専門家の校閲を受けた英語の論文要約（180語以内）も必要です。「資料」に論文要約は必要ありません。

5. 原則として，ワードプロセッサーを使用し，原稿の冒頭に400字詰原稿用紙に換算した枚数を明記し，必ず頁番号をつけてください。

6. 著者は5人までとし，それ以上の場合，脚注のみの表記になります。

7. 論文の第1枚目に，論文の種類，表題，著者名，所属，キーワード（5個以内），英文表題，英文著者名，英文所属，英文キーワード，および連絡先を記載してください。

8. 新かなづかい，常用漢字を用いてください。数字は算用数字を使い，年号は西暦を用いること。

9. 外国の人名，地名などの固有名詞は，原則として原語を用いてください。

10. 本文中に文献を引用した場合は，「…（Bion, 1948）…」「…（河合，1998）…」のように記述してください。1) 2) のような引用番号は付さないこと。
　　2名の著者による文献の場合は，引用するごとに両著者の姓を記述してください。その際，日本語文献では「・」，欧文文献では '&' で結ぶこと。
　　3名以上の著者による文献の場合は，初出時に全著者の姓を記述してください。以降は筆頭著者の姓のみを書き，他の著者は，日本語文献では「他」，欧文文献では 'et al.' とすること。

11. 文献は規定枚数に含まれます。アルファベット順に表記してください。誌名は略称を用いず表記すること。文献の記載例については当社ホームページ（http://kongoshuppan.co.jp/）をご覧ください。

12. 図表は，1枚ごとに作成して，挿入箇所を本文に指定してください。図表類はその大きさを本文に換算して字数に算入してください。

13. 原稿の採否は，『臨床心理学』査読委員会が決定します。また受理後，編集方針により，加筆，削除を求めることがあります。

14. 図表，写真などでカラー印刷が必要な場合は，著者負担となります。

15. 印刷組み上がり頁数が10頁を超えるものは，印刷実費を著者に負担していただきます。

16. 日本語以外で書かれた論文は受け付けません。図表も日本語で作成してください。

17. 実践的研究を実施する際に，倫理事項を遵守されるよう希望します（詳細は当社ホームページ（http://www.kongoshuppan.co.jp/）をご覧ください）。

18. 掲載後，論文のPDFファイルをお送りします。紙媒体の別刷が必要な場合は有料とします。

19. 掲載論文を電子媒体等に転載する際の二次使用権については当社が保留させていただきます。

20. 論文は，金剛出版「臨床心理学」編集部宛に電子メールにて送付してください（rinshin@kongoshuppan.co.jp）。ご不明な点は編集部までお問い合わせください。

（2017年3月10日改訂）

編集後記 Editor's Postscript

　今回のテーマは「人はみな傷ついている」である。トラウマをはじめ，人間誰もが傷つきやすい存在であることをもとに特集を組んだ。近年，トラウマへの介入や支援についてはさまざまな技法が登場し，何が効果的でよい支援につながるのかをじっくり考える必要があると痛感している。ただ，この特集で取り上げたかったのは，技法はもとより，傷ついている人に対して，支援者，あるいは家族や周囲の者がどのようなスタンスで向き合うべきなのかということである。傷ついた人や傷そのものをどう手当てするのかという，前提となる基本的な姿勢を考えたかったのである。それゆえに，「語られる傷・語りえぬ傷」という項目立てを用意し，そこに触れていただける原稿を執筆者に依頼した。読んでいただくとわかるように，いずれの執筆者も傷ついた人や傷への対峙のあり方を実によく表現されており，特集企画の目的が十分に達せられたと思っている。これからもトラウマ理論や治療論がますます発展していくことだろう。しかし，時代は変われど，傷ついた人への向き合い方は，基本とするところは同じであるのかもしれない。そのことも踏まえて，ますます研鑽を積んでいきたいものである。

(橋本和明)

臨床心理学 第 20 巻第 1 号 (通巻 115 号)

発行＝2020 年 1 月 10 日
定価 (本体 1,600 円＋税)／年間購読料 12,000 円＋税 (増刊含／送料不要)

発行所＝㈱ 金剛出版／発行人＝立石正信／編集人＝藤井裕二
〒 112-0005　東京都文京区水道 1-5-16
Tel. 03-3815-6661／Fax. 03-3818-6848／振替口座 00120-6-34848
e-mail　rinshin@kongoshuppan.co.jp (編集) eigyo@kongoshuppan.co.jp (営業)
URL　http://www.kongoshuppan.co.jp/

装幀＝岩瀬 聡／印刷＝太平印刷社／製本＝井上製本

北大路書房

〒603-8303　京都市北区紫野十二坊町12-8
☎ 075-431-0361　FAX 075-431-9393
http://www.kitaohji.com

ギフティッド　その誤診と重複診断

―心理・医療・教育の現場から―　J. T. ウェブ他著　角谷詩織・榊原洋一監訳　A5・392頁・本体5200円＋税　1つ以上の分野で並外れた才能を示すギフティッド。本書では、豊富な事例からギフティッドに類似する障害の特性と比較し、特有の問題や支援の実践を示す。正確な理解に向けた手引きとなる。

公認心理師標準テキスト　心理学的支援法

杉原保史・福島哲夫・東 斉彰編著　A5・308頁・本体2700円＋税　特定の学派に閉じこもらずバランスよく学ぶことを推奨し、各学派の理論と技法の最前線と普遍的な治療原理を理解できるよう配慮。並列的な解説に留めず、有機的・立体的な学びを目指す。公認心理師大学カリキュラム「心理学的支援法」に対応した教科書。

手作りの悲嘆

―死別について語るとき〈私たち〉が語ること―　L. ヘツキ・J. ウィンズレイド著　小森康永・奥野 光・ヘミ和香訳　A5・336頁・本体3900円＋税　悲嘆の痛みをやり過ごす最も良い方法は、既製のモデルに従うのではなく、その人自身の反応を「手作りする」ことにある。社会構成主義の立場から、死の臨床における治療的会話の新たな枠組みを示す。

ナラティブ・メディスンの原理と実践

R. シャロン他著　斎藤清二・栗原幸江・齋藤章太郎訳　A5上製・544頁・本体6000円＋税　ナラティブ・メディスンは、全ての診療において必要とされる「語ることと聴くこと」から生まれる感情と間主観的関係の重要性を強調する。医療者のための全く新しい教育法の全貌が、今ここに明らかにされる。

臨床心理フロンティア 公認心理師のための「発達障害」講義

下山晴彦監修　桑原 斉・田中康雄・稲田尚子・黒田美保編著　B5・224頁・本体3000円＋税　現代臨床心理学を牽引するエキスパートによる講義を紙面で再現。講義動画と連携して重要テーマを学べるシリーズ。Part1では障害分類とその診断の手続き、Part2では心理職の役割、Part3では自閉スペクトラム症の理解、Part4ではその支援について扱う。

公認心理師養成のための 保健・医療系実習ガイドブック

鈴木伸一編集代表　田中恒彦・小林清香編集　A5・336頁・本体2700円＋税　基礎篇では、実習に出る前に理解すべき必須事項（保健医療制度、関連法規等）を整理。実践篇では、実習で必要とされる課題（予診、陪席、アセスメント、報告書の書き方等）を解説。展開篇では、心理的アプローチの概要や各種心理療法および専門領域での業務の実際を紹介。

ディグニティセラピー

―最後の言葉、最後の日々―　H. M. チョチノフ著　小森康永・奥野 光訳　A5・216頁・本体2700円＋税　緩和ケアの新技法である「ディグニティセラピー」。創始者のチョチノフ自らがその実際について包括的にまとめた入門書。具体的事例を通して、ディグニティセラピーをどのように行なうか、その実際を詳説。

グラフィック・メディスン・マニフェスト

―マンガで医療が変わる―　MK. サーウィック他著　小森康永他訳　A4変形・228頁・本体4000円＋税　グラフィック・メディスンの中核は、健康と病のストーリーテリングであり、患者の複雑な経験を描き出すことにある。マンガを通して、一般患者という概念に抵抗し、矛盾する視点や経験でもって複数の患者を鮮やかに表現するムーヴメントへの誘い。

［三訂］臨床心理アセスメントハンドブック
村上宣寛・村上千恵子者　2700円＋税

マインドフルネスストレス低減法
J. カバットジン著／春木 豊訳　2200円＋税

精神病と統合失調症の新しい理解
A. クック編／国重浩一・バーナード紫訳　3200円＋税

樹木画テスト
高橋雅春・高橋依子著　1700円＋税

実践家のための認知行動療法テクニックガイド
坂野雄二監修／鈴木伸一・神村栄一著　2500円＋税

メンタライジング・アプローチ入門
上地雄一郎著　3600円＋税

P-Fスタディ　アセスメント要領
秦 一士著　2600円＋税

ポジティブ心理学を味わう
J. J. フロウ他編／島井哲志・福田早苗・亀島信也監訳　2700円＋税

ふだん使いのナラティヴ・セラピー
D. デンボロウ著／小森康永・奥野 光訳　3200円＋税

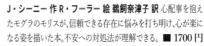

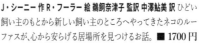

花巻悲劇「父親に去勢された宮澤賢治」

三上命 著　　　　　本体 1800 円＋税　　　ISBN-978-4-9909633-3-0

アドラーのエディプス・コンプレックス

　エディプス・コンプレックスについて、精神科医の古沢平作は「オイディプスの欲望の中心をなすものは、母に対する愛のために父王を殺害するところにある」と考えた。しかしオイディプスは「母に対する愛のために父王を殺害した」のではない。なぜなら彼が父親のライオスを殺したのは、母親のイオカステと出会う前のことだからである。

　ではオイディプスの父親殺しは何を意味するのだろうか。ライオスはテーバイの国王である。だから父親を殺したということは、国王を殺したということにほかならない。要するにオイディプスは、自分が王位につくために、その邪魔だてをしている父王を亡き者にしたのである。

　次にフロイトのエディプス理論は、「男児は母親に愛着し、父親に敵意を抱く」というものである。しかしこれには重大な欠陥がある。男児の自分自身に関するコンプレックスが欠けているのである。

　では男児自身のコンプレックスとは何か。それはニーチェがいい出し、アドラーが受け継いだ「力への意志」である。そしてこれを「王になろうとする欲求」といい換えてみると、エディプス・コンプレックスの本質がはっきりする。「王になろうとする欲求」を持っていたから、オイディプスは、それを妨げている現王（父親）を殺したのである。

　以上をアドラーのエディプス・コンプレックスという。宮沢賢治は、このアドラーのエディプス・コンプレックスを実際に生きた。そして父親の政次郎は、賢治の「王になろうとする欲求」を去勢しようとしたのである。

満天地　　　　〒327-0507　栃木県佐野市葛生西 3－10－10
　　　　　　　　TEL 0283-86-9590　　FAX 0283-86-9591
書店取次は地方・小出版流通センターです。直販も致します。

協力出版のご案内

Ψ 金剛出版

〒112-0005 東京都文京区水道1-5-16　URL : http://kongoshuppan.co.jp
Tel : 03-3815-6661　Fax : 03-3818-6848　E-Mail : kongo@kongoshuppan.co.jp

新刊案内

Ψ金剛出版　〒112-0005　東京都文京区水道1-5-16　Tel. 03-3815-6661　Fax. 03-3818-6848
e-mail eigyo@kongoshuppan.co.jp　URL http://kongoshuppan.co.jp/

ウツ戦記

［監修］蟻塚亮二　［著］青木智恵子

「この世は幸せに満ちているわけではない。生きることはむしろ傷つくことばかり。だからつぶやこう。『ウツで悪いか，生きてて悪いか，この野郎』」——本書は，著者が「ウツ当事者」と「医療者」の両方の視点をもって書き下ろした，従来のウツ専門書にはない斬新さを持つ。自身もウツを経験した精神科医である監修者の助言を得，医療的観点やエビデンスも交えてマンガでわかりやすく紹介。読者が自身で記入するワークシートを多数収録。自分だけの「乗り越え方」を見つけることができる。実践しよう，と身構えなくても普段の生活で取り入れられるヒントを多数掲載。打倒ウツ。主人公はあなた。冒険の書とともに回復の一歩を踏み出そう！　　本体2,200円＋税

働く人のこころのケア・ガイドブック
会社を休むときのQ&A

［著］福田真也

うつ病を中心としたこころの病気や職場で起こる問題，健康管理，休職時の社会保障制度，精神科やリワークでの治療法など，「働く人」がこころの病気になってしまったときに知りたい情報を，産業医経験も豊富なベテラン精神科医が，働く患者さんから実際に寄せられる相談・質問をもとに182問のQ&Aにまとめてわかりやすく解説。当事者や家族だけでなく，同僚や管理職，人事担当者，産業保健スタッフはもちろん，医療機関で働くコメディカルスタッフ，あるいはフレッシュマンの精神科医，精神科で実習中の研修医など，「働く人」をとりまく全員に役立つ一冊。　　本体2,600円＋税

ポジティブ心理学コーチングの実践

［著］スージー・グリーン　ステファン・パーマー
［監訳］西垣悦代

心理学は行動におけるネガティブな側面の癒やしや回復にのみ携わるだけなく，ポジティブなウェルビーイング文化の創造、希望、個人の成長や繁栄も視野に入れる必要がある。また近年は職場においてもウェルビーイングの向上は重要な点となっている。本書ではポジティブ心理学のコーチングへの拡張という試みを紹介し「ストレスマネジメント」アプローチから離れてコーチングモデルを通じてよりレジリエントで繁栄的な組織を目指す。

本体4,200円＋税

新刊案内

Ψ金剛出版　〒112-0005　東京都文京区水道1-5-16　Tel. 03-3815-6661　Fax. 03-3818-6848
e-mail eigyo@kongoshuppan.co.jp　URL http://kongoshuppan.co.jp/

強迫性障害の認知行動療法

［著］デイヴィッド・A・クラーク
［監訳］原田誠一　浅田仁子　　［訳］勝倉りえこ　小泉葉月　小堀 修

強迫性障害（OCD）は多種多様な症状が混在しつつ，しばしば慢性の経過をたどる非常に手ごわい疾患である。OCDの認知行動療法（CBT）は，OCDの認知的基盤に関する新たな理論と研究結果を活用して効果的な治療内容を示す。本書では，二つの重要な柱として，正常体験としても発生する強迫観念や強迫行為が，どのような場合に精神病理体験になるか，それが原因で苦痛や生活の支障が生じる場合，どのような治療が有効かという問題を道標とする。本書は，Aaron T. Beck から手ほどきを受けた著者の画期的な研究と実践の書である。　　　　　　　　　　　　　　本体4,200円＋税

愛着障害児とのつきあい方
特別支援学校教員チームとの実践

［著］大橋良枝

「愛着障害」という言葉が，その子どもに適切な環境を与えるためにあるのではなく，その子どもにかかわることに対して防衛的に使われたり，「手がかかる」子どもというレッテルを強化するために使われるようなことがあれば，それは最も避けたいことである。本書では，知的障害特別支援学校の現場で増えつつある愛着の問題を抱える子どもたちと，その子どもたちへの対応に苦慮する教師への介入を試みた著者が，精神分析的な理論や著者自らが作り上げた愛着障害児対応教育モデル（EMADIS）仮説を用いて当事者関係の悪循環を断ち切る方途を探る。　　　　　　　　　　　本体3,200円＋税

こどもの摂食障害
エビデンスにもとづくアプローチ

［著］稲沼邦夫

摂食障害の発症については，ストレスなどの心理的要因によるものとする見方が長らく定説とされてきたが，具体的にどのようなメカニズムで摂食障害を引き起こすのだろうか？　引き起こすとすればそのエビデンスはなにか？　長年にわたって臨床心理士として医療機関で摂食障害とかかわってきた著者は，そうした疑問を背景に，発症の経過や契機，性格傾向，体重と症状との関連などについて事実にもとづいて検討し，それぞれ得られた結果を専門学会や論文で発表してきたが，本書はそうした一連の報告内容を整理したものである。　　　　　　　　　　　　　　　　　　　　　本体2,800円＋税

病いは物語である
文化精神医学という問い
［著］江口重幸

精神療法は文化とどこで出会うのか。心的治療の多様性を明らかにし，臨床民族誌という対話的方法を日常臨床に活かす実技として捉えようとする試み──。"専門分化した現代医療は患者を癒すのに必ず失敗する"とA・クラインマンは半世紀前に論じた。そこから出発した臨床人類学や文化精神医学はどこまでたどり着いたのだろうか。治療における物語（ナラティヴ）と対話，臨床民族誌的方法，力動精神医学史や治療文化，ジャネの物語理論，民俗学への架橋，そして今日の精神医療の変容。21の論文とコラムで現代精神科臨床の全体像をたどるライフワークである。　　　　本体5,200円＋税

生き延びるためのアディクション
嵐の後を生きる「彼女たち」へのソーシャルワーク
［著］大嶋栄子

男性依存症者を中心に組み立てられてきたアディクション治療プログラムから排除されてきた女性たちが抱える「問題」は，決してアディクションだけではなかった。この難題を解決すべく研究と実践を繰り返すプロセスのなかで到達した脱医療的実践としての支援論は，女性依存症者に共通する四つの嗜癖行動パターンと三つの回復過程モデルを導き出す。あまりに複雑な回復をたどる「彼女たち」，想像を絶する不自由を生きる「彼女たち」，ずっと救われてこなかった「彼女たち」……身体と生活を奪還する「彼女たち」と共に生き延びるためのソーシャルワーク実践論。　　　　本体3,600円＋税

トラウマとアディクションからの回復
ベストな自分を見つけるための方法
［著］リサ・M・ナジャヴィッツ
［監訳］近藤あゆみ　松本俊彦　［訳］浅田仁子

本書の質問やエクササイズには，たとえ読者がひとりぼっちの部屋でこの本を開いていたとしても，信頼できる治療者やカウンセラーが傍らに腰かけてそっと支えてくれているような感覚を味わうことができるようにという願いが込められている。そして，全章にある体験談は，ときに険しく苦しい読者の回復の道を照らし続けてくれる希望の光である。このような意味で，本書自体に支援共同体としての役割が期待できるであろう。苦しむ人びとと家族，援助者のための実践的なワークブック。　　　　本体4,200円＋税

新刊案内

Ψ金剛出版　〒112-0005　東京都文京区水道1-5-16　Tel. 03-3815-6661　Fax. 03-3818-6848
e-mail eigyo@kongoshuppan.co.jp　URL http://kongoshuppan.co.jp/

精神分析的心理療法における
コンサルテーション面接

［編］ピーター・ホブソン
［監訳］福本修　［訳］奥山今日子　櫻井鼓

タビストック・クリニックにおける精神分析的心理療法のアセスメントがどのようなプロセスを経て決定されていくのかを，臨床家によるアセスメント面接の報告であったり，治療者の専門的な努力と患者の情緒的関係性に焦点をあてながら，平易かつ詳細に解説していく。狭義の精神分析的心理療法の実践だけでなく，広く心理療法のアセスメントに活用できる内容なので，臨床に携わるすべての方に有用な一書となっている。　　　　本体4,200円＋税

こころの発達と精神分析
現代藝術・社会を読み解く
［著］木部則雄

モーリス・センダック三部作から，宮崎駿「千と千尋の神隠し」，村上春樹『海辺のカフカ』『色彩を持たない多崎つくると，彼の巡礼の年』，そしてルネ・マグリットとヘンリー・ダーガーの世界へ──幼児期から思春期を経て大人に至る，長き心的発達過程を素描する。フロイトとエディプス・コンプレックス，アンナ・フロイトとメラニー・クラインの「論争」，母子関係と発達理論──フロイトから分岐したクライン派理論の「種子」を芸術作品という「鉱脈」のなかに発掘する。幼児から思春期を経て大人に至る長き心的発達を素描した，比類なき精神分析入門。　　　　本体3,800円＋税

精神分析の諸相
多様性の臨床に向かって
［著］吾妻壮

精神分析は最も長い伝統と実績を持つセラピーの方法である。しかし，伝統を重んじつつも，今日，精神分析は多様化の一途を辿っている。現代精神分析は，一方で，依然としてフロイトを筆頭とする創成期のパイオニアたちの仕事と強く結ばれているが，他方，近年の分析家たちによる革新的な貢献なしにはもはや語り得ない。多様化あるいは多元化は，現代精神分析を語る上でのキー概念である。精神分析をめぐる最新の議論を，主に世界最多の精神分析家を擁し精神分析の伝統が根を下ろしている米国の動きに注目して紹介する。　　　　本体3,600円＋税

新刊案内

Ψ **金剛出版**　〒112-0005　東京都文京区水道1-5-16　Tel. 03-3815-6661　Fax. 03-3818-6848
e-mail eigyo@kongoshuppan.co.jp　URL http://kongoshuppan.co.jp/

子どもと青年の心理療法における親とのワーク
親子の成長・発達のための取り組み

［編］ジョン・ツィアンティス　シヴ・ボアルト・ボエティウス　ビルジト・ハラーフォースほか
［監訳］津田真知子　脇谷順子
［訳］岩前安紀　金沢晃　南里裕美　村田りか　渡邉智奈美

養育環境や生来的な困難から健やかな成長が難しい子どもや青年への心理的
援助の必要性はますます高まっている。子どもの心理療法は子どもの親との
取り組みなしには成立しない。本書ではセラピストによる臨床経験を通して
親とのワークの問題点を考察していく。　　　　　　　　　本体3,800円＋税

力動精神医学のすすめ
狩野力八郎著作集2

［編］池田暁史　相田信男　藤山直樹

……狩野は人を育てるのが実に上手であったと思う。狩野は目の前の教え子の
力を見極め，その人のいまの実力ではやや難しいけれど少し努力を重ね研鑽を
つめば達成可能な課題を設定するという教育者としての才に恵まれていた。そ
して一度課題を与えたなら，信じて任す人でもあった。……（解題より）
本書は，狩野が生前に発表し，その後，書籍にまとめられることがないまま
になっていた各種論考を集めたものである。2分冊となっており，1は『精神
分析になじむ』として刊行済みである。合わせて手に取っていただきたい。
　　　　　　　　　　　　　　　　　　　　　　　　　　　　本体5,400円＋税

現代精神分析基礎講座 第4巻
精神分析学派の紹介2
——自我心理学，自己心理学，関係学派，応用精神分析

［編者代表］古賀靖彦
［編］日本精神分析協会　精神分析インスティテュート福岡支部

1996年から始まり，現在も続いている精神分析インスティテュート福岡支
部主催の精神分析セミナーを基に，そこでの講演をまとめたものである。第
4巻では自我心理学，自己心理学・関係学派／応用精神分析を紹介する。本
巻に収められている講義内容は，人の営みやこころの本質に関するベーシッ
クな教養であり，こころにかかわる職務に携わっているならば，基本として
身につけておきたいものばかりである。　　　　　　　　　本体3,800円＋税

好評既刊

Ψ金剛出版　〒112-0005　東京都文京区水道1-5-16　Tel. 03-3815-6661　Fax. 03-3818-6848
e-mail eigyo@kongoshuppan.co.jp　URL http://kongoshuppan.co.jp/

SBS：乳幼児揺さぶられ症候群
法廷と医療現場で今何が起こっているのか？

[著] ロバート・リース
[訳] 溝口史剛

現在，SBSの診断は「50対50の激しい論争のある，冤罪の温床」かのごとく喧伝されている。学術や法廷の場を離れ，情報戦の様相を呈し始めたこの症候群の真実はどこにあるのであろうか？　ロバート・リース医師の手によるSBSをめぐるこのリアルな法廷劇は，法廷サスペンス小説としても第一級のエンターテイメントを提供している。本書を読み終えた後，読者は本当の公平性とはどこにあるのか，考えずにはいられないであろう。

本体3,800円＋税

犯罪被害を受けた子どものための
支援ガイド
子どもと関わるすべての大人のために

[著] ピート・ウォリス　［監訳］野坂祐子　大岡由佳

子どもの犯罪被害は身近な生活のなかでたくさん起きているにもかかわらず，子どもがだれにも打ち明けられず，潜在化している被害がある。起きているかもしれない子どもの犯罪被害を見つけだし，手を差し伸べるにはいったいどうすればいいのか。子どもが被害にあう可能性がある幅広い犯罪とその影響について学び，被害を受けた子どもが示しやすい一般的なサインと支援の留意点について，わかりやすくまとめた。

本体3,600円＋税

子ども虐待と治療的養育
児童養護施設におけるライフストーリーワークの展開

[著] 楢原真也

親のいない子どもや虐待を受けた子どもの養育と自律を目的とする児童養護施設では，家族を遠く離れた子どもたちが，複雑に交錯する想いを胸に生きている。施設の生活で出会う子どもたちの深い怒りや哀しみ，はからずも課せられた自らの運命への切実な問いかけ——この声なき声に応える臨床試論として，自らのナラティヴを紡ぎ人生の歩みを跡づける「ライフストーリーワーク」の理論，それにもとづく治療的養育の理論と実践を報告する。子どもと事実を分かちあいながらその自己形成を見守る「名もなき英雄」としての支援者の条件を問う。

本体3,600円＋税

好評既刊

Ψ金剛出版　〒112-0005　東京都文京区水道1-5-16　Tel. 03-3815-6661　Fax. 03-3818-6848
e-mail eigyo@kongoshuppan.co.jp　URL http://kongoshuppan.co.jp/

PTSDの臨床研究
理論と実践
［著］飛鳥井望

被害者と加害者ないし被災者と過失責任者とのかかわり，補償制度や司法制度，公的および民間の援助組織と背中合わせにあるPTSD（外傷後ストレス障害）。「日本におけるPTSD研究勃興期の記録」そのものでもある本書は，阪神淡路大震災や地下鉄サリン事件，和歌山毒物混入事件やえひめ丸事故などの臨床事例を取りあげながら，疫学研究，うつ病との合併例，診断基準，薬物療法，脳科学，トラウマ記憶，複雑性悲嘆と認知行動療法，偽記憶をめぐる司法論争など，複眼的にPTSDへとアプローチする。　本体3,000円＋税

PTSD・物質乱用治療マニュアル
「シーキングセーフティ」
［著］リサ・M・ナジャヴィッツ
［監訳］松本俊彦　森田展彰

本書で展開される治療モデルでは，患者の安全の確立こそが臨床的にもっとも必要な支援であるとする「シーキングセーフティ」という原則にもとづいて，PTSDと物質乱用に対する心理療法を構成する，25回分のセッションをとりあげている。認知・行動・対人関係という3つの領域に大別されるすべてのセッションで，両疾患に関するセーフティ（安全）な対処スキルが示される。かぎられた時間のなかですぐに使えるツールを求めているセラピストにとって，現状でもっとも有用な治療アプローチである。　本体6,000円＋税

マインドフルネス実践講義
マインドフルネス段階的トラウマセラピー（MB-POTT）
［著］大谷彰

「マインドフルネスの難しい専門用語がわからない」「マインドフルネスをセラピーやセルフケアにどう取り入れたらいいかわからない」という声にこたえて，好評『マインドフルネス入門講義』の続篇が，マインドフルネスを使いこなすための理論と方法をガイドする実践篇として刊行。「PTSD症状安定」「トラウマ統合」「日常生活の安定」「ポスト・トラウマ成長」という4段階プロセスを通じて，フラッシュバックや身体症状など不可解な現象をもたらすトラウマからの回復を，マインドフルにケアするための理論と方法を学ぼう！　本体2,800円＋税

好評既刊

Ψ金剛出版　〒112-0005 東京都文京区水道1-5-16　Tel. 03-3815-6661　Fax. 03-3818-6848
e-mail eigyo@kongoshuppan.co.jp　URL http://kongoshuppan.co.jp/

ナラティヴ・エクスポージャー・セラピー

人生史を語るトラウマ治療

［著］マギー・シャウアー　フランク・ノイナー　トマス・エルバート
［監訳］森 茂起　［訳］明石加代　牧田 潔　森 年恵

Narrative Exposure Therapy（NET）とは，PTSDを抱える難民治療のために考案された短期療法である。複雑性PTSDを対象に，短期間で，十分な研修を受ければ治療専門家以外でも実施可能なことから，わが国では児童福祉領域や医療領域での，虐待や外傷的別離，死別等体験者への適用が期待される。　　　　　　　　　　　　　　　　　　　　　　　本体2,800円＋税

子どものトラウマと悲嘆の治療

トラウマ・フォーカスト認知行動療法マニュアル

［著］ジュディス・A・コーエン　アンソニー・P・マナリノ　エスター・デブリンジャー
［監訳］白川美也子　菱川 愛　冨永良喜

子どものトラウマ治療の福音として訳出が待たれていたトラウマ・フォーカスト認知行動療法（TF-CBT）マニュアルが，第一線の臨床家らによってついに刊行された。本書で述べるTF-CBTは，トラウマやトラウマ性悲嘆を受けた子どもへの治療法として信頼すべき理論的基盤を持ち，科学的に効果が実証され，厳密な臨床家の養成システムに支えられているアプローチである。著者らの臨床研究と実践現場での適用の試みを通してモデル化されたTF-CBTのすべてを余すところなく紹介する。　　　　　本体3,400円＋税

可能性のある未来につながる
トラウマ解消のクイック・ステップ

新しい4つのアプローチ

［著］ビル・オハンロン　［監訳］前田泰宏　［訳］内田由可里

トラウマ克服のための心理療法的アプローチのコツや方法を記した臨床家向けの実践書。トラウマを解消するためには，過去と向き合い，追体験することが必要だとされてきた。しかし，オハンロンは追体験を必要としないクライエントに優しいトラウマ克服法を4つのアプローチに整理した。いままでトラウマ解消法を試してきて効果がなかった人に試してほしい。ポスト・トラウマティック・サクセス（外傷後成功）の解説必読。　　本体3,200円＋税